POR FAVOR
PERDÓN
GRACIAS

POR FAVOR PERDÓN GRACIAS

*Las palabras mágicas
que cambiarán tu mundo*

MARK BATTERSON

ORIGEN

Título original: *Please, Sorry, Thanks*

Primera edición: agosto de 2023

Copyright © 2023, Mark Batterson
Publicado por acuerdo con Multnomah, un sello de Random House,
una división de Penguin Random House LLC.
Copyright © 2023, Penguin Random House Grupo Editorial USA, LLC
8950 SW 74th Court, Suite 2010
Miami, FL 33156

Publicado por ORIGEN,
una marca registrada de Penguin Random House Grupo Editorial.
Todos los derechos reservados.

Traducción: María José Hooft
Diseño de cubierta: Pete Garceau

Impreso en Colombia / *Printed in Colombia*

ISBN: 978-1-64473-790-3

23 24 25 26 27   10 9 8 7 6 5 4 3 2 1

A mis padres.
Gracias por enseñarme a decir por favor, perdón y gracias.

Índice de contenido

Parte 3:
La teología del *gracias*

Introducción

Abracadabra

En el principio ya existía el Verbo.
—Juan 1:1

De acuerdo con los lingüistas, *abracadabra* es la palabra más usada universalmente sin necesidad de traducción.[1] Es un término empleado por los magos, pero su etimología es más espiritual que mágica. Las palabras hebreas *A'bra K'dabra* significan: "Al hablar, crearé".[2] Dicho de otro modo, ¡las palabras crean mundos! "Las palabras", dijo el teólogo judío Abraham Heschel, "en sí mismas son sagradas, son la herramienta de Dios para la creación del universo, y nuestras herramientas para traer santidad —o maldad— al mundo".[3]

En una serie de estudios llevados a cabo en la Universidad de Chicago, se analizaron las grabaciones de miles de sesiones de consejería. Algunas de esas sesiones fueron exitosas, lo cual daba como resultado un cambio sustancial. Otras no. ¿Cuál fue el factor diferencial? No fue la técnica del terapeuta. "La diferencia radica en cómo hablan", aseguró el Dr. Eugene Gendlin.[4] La vida es un gran juego de "Simón dice", ¡y tú eres Simón!

Si quieres cambiar tu vida, debes cambiar tus palabras.

Según la concepción constructiva del lenguaje, nuestras palabras no representan al mundo de un modo objetivo. Más bien, ¡crean el mundo de un modo subjetivo! Para bien o para mal, ellas pueden funcionar como profecías autocumplidas: tienen el poder de bendecir y maldecir; de sanar y de herir; de dar vida o causar la muerte. Estudios científicos han descubierto que las palabras negativas pronunciadas sobre plantas pueden hacerlas languidecer, mientras que las positivas las ayudan a florecer.[5] ¡Y es tan cierto para las plantas como para las personas!

"En la lengua hay poder de vida y muerte", dijo Salomón.[6] El sabio judío Aquila, el traductor de la biblia hebrea, describía la lengua como una herramienta que tenía un cuchillo en una punta y una cuchara en la otra: la muerte y la vida.[7] La lengua es una espada de doble filo. "Con la lengua bendecimos a nuestro Señor y Padre", dijo Santiago, el hermano de Jesús, "y con ella maldecimos a las personas, creadas a imagen de Dios".[8] Él comparó la lengua con el timón de un barco, que determina su dirección.[9] Tu destino, en gran medida, es la consecuencia de tus palabras.

"De la abundancia del corazón habla la boca", dijo Jesús.[10] Las palabras son como rayos X, pero hacen algo más que revelar la condición de nuestro corazón. Ellas son tanto un diagnóstico como un pronóstico. El Dr. John Gottman es famoso por su habilidad de predecir el divorcio con más de un 90 % de exactitud. ¿Cómo lo hace? Desmenuza el lenguaje y analiza la forma en que la gente discute. Así identifica los patrones negativos de comunicación que él llama "Los cuatro jinetes del Apocalipsis": crítica, desprecio, actitud defensiva y actitud ofensiva.[11]

Si quieres cambiar tus relaciones, ¡tienes que cambiar tus palabras!

¿Me permites confesarte algo? La polarización política de los últimos años —sin mencionar la pandemia— le pasaron factura a mi vida y liderazgo. Los bajos niveles de cortesía combinados con altos niveles de cinismo generaron la tormenta perfecta.

Siento que, sin importar lo que digas, nunca será suficiente y siempre será demasiado. ¿O me pasa solo a mí? Te condenan si haces y te condenan si no haces. El optimismo es uno de mis puntos fuertes, pero me siento bajoneado. Comparto a continuación una entrada de mi diario de uno de esos días en que me sentía emocionalmente pinchado.

Estoy tan cansado.
Estoy agotado.
Me siento vacío.
Simplemente no me estoy recuperando.
Mi cabeza está aturdida.
Mi corazón está irritable.
Señor, ayúdame.

Hice mucho autoanálisis en ese tiempo, y de pronto tuve la revelación de que estaba empleando un montón de palabras negativas con mucha frecuencia. ¿Sabes de qué me di cuenta? Estaba creando negatividad y dándole poder. Al hacer énfasis en lo duro que era el liderazgo en ese tiempo, lo estaba haciendo más difícil de lo que en realidad era. Mis palabras se convertían en una profecía autocumplida que reforzaba un círculo vicioso de pesimismo. Lo mismo sucede cuando nos quejamos de la gente a sus espaldas, lo cual fue la segunda revelación. ¿Cómo podemos cambiar esa dinámica? ¡Cambiamos el guion elogiando a las personas a sus espaldas!

Si quieres cambiar tu actitud, tienes que cambiar tus palabras.

Tus palabras son como la navaja de Ockham: simples palabras que pueden resolver problemas aparentemente imposibles. Son como la palanca de Arquímedes: pequeñas palabras que pueden hacer una enorme diferencia.

Este libro trata sobre palabras que son pequeñas pero poderosas: *por favor*, *perdón* y *gracias*. A menudo se las conoce como las palabras mágicas, porque pueden obrar maravillas. Nada abre puertas tanto como un *por favor*. Nada lima asperezas tanto como un *perdón*. Nada construye puentes tanto como un *gracias*. Estas palabras tienen el poder de cambiar tu vida, y tienen el poder para cambiar la vida de las personas que te aman, las que te odian y todas las que están entremedio.

En las siguientes páginas exploraremos la psicología del *por favor*, la ciencia del *perdón* y la teología del *gracias*, y en el camino aprenderemos el arte de la empatía y el lenguaje del lamento. Cultivaremos la inteligencia emocional y la inteligencia contextual. Citaremos historias y estudios, además de algunas de las mejores prácticas que nos ayudarán a cambiar nuestra vida a medida que cambiamos nuestras palabras. Pero primero, una expresión de parte de nuestro Patrocinador, y eso es literal. Para entender el poder de las palabras, debemos ir adonde todo comenzó.

Y dijo Dios: "¡Que exista la luz!".[12]

Según Leonard Bernstein, ganador de once premios Emmy y diecisiete premios Grammy, la mejor traducción de *dijo* es *cantó*. "En el principio ya existía la nota, y la nota estaba con Dios", dijo el exdirector de la Nueva Orquesta Filarmónica de Nueva York, "y quienquiera que pueda alcanzar esa nota, alcance lo alto y tráigala de vuelta a la tierra".[13]

En esa nota, cada átomo del universo canta una canción única. En términos más científicos, cada átomo emite y absorbe energía en una frecuencia única. Esto es cierto de cada elemento de la tabla periódica como lo es cierto de ti y de todas las palabras. Las portadoras de vida resuenan con esa nota original; las destructivas hacen todo lo contrario: causan una disonancia interna porque no se corresponden con la buena, agradable y perfecta voluntad de Dios.

Pocas expresiones resuenan con más poder que *por favor*, *perdón* y *gracias*. Ellas cantan una armonía de tres partes. Un bello *por favor* abre corazones, mentes y puertas. Un simple *perdón* repara relaciones rotas e inicia un proceso de sanidad. Un sentido *gracias* es el volante que dirige hacia la gratitud.

Hay un arte y una ciencia en cada una de estas palabras. Vamos a extraerles todo el sentido cuando nos refiramos a ellas como una forma de arte, pero primero veámoslas como una ciencia. Sea que Dios haya *hablado* o *cantado* esas primeras palabras —"¡Que exista la luz!"— tendemos a pensar en términos fónicos. Pero el sonido es, primero y principalmente, una forma de energía. Así que, en realidad, deberíamos pensar en física. Nuestras palabras no solo intercambian ideas, sino también energía.

La voz humana produce ondas que viajan en el espacio a mil ciento veinticinco pies por segundo. En promedio, la mujer habla a una frecuencia de ciento setenta a doscientos veinte hercios; el hombre, luego de la pubertad, lo hace a un tono más bajo que oscila entre cien y ciento cincuenta hercios. María Carey es famosa por su rango de cinco octavas, pero el resto de nosotros tenemos un rango vocal de entre cincuenta y cinco y ochocientos ochenta hercios.

También tenemos un rango auditivo de entre veinte y veinte mil hercios. Todo lo que está por debajo de veinte es infrasonido y lo que está por encima de veinte mil es ultrasonido. Ahí es

cuándo, dónde y cómo el sonido hace cosas extrañas y misterio-
sas. El infrasonido es la forma en la que los elefantes predicen
los cambios de clima y las aves navegan al migrar. El ultrasonido
tiene la capacidad de rastrear submarinos, efectuar una cirugía
no invasiva, limpiar joyas, sanar tejido dañado, romper las pie-
dras del riñón y revelar el sexo de tu bebé en una ecografía.

¿Dios habla de manera audible? ¡Absolutamente! Pero es una
fina porción de su rango vocal. Su habilidad de hablar está mucho más allá de nuestra capacidad de oír con el oído humano.
Dios no solo usa su voz para formar palabras, ¡sino para crear
mundos! Todo lo que vemos una vez fue dicho. O si lo prefieres,
cantado. Dios utilizó su voz para crear ex nihilo, o *abracadabra*.

> En el principio ya existía el Verbo, y el Verbo estaba con Dios, y
> el Verbo era Dios. Él estaba con Dios en el principio. Por medio
> de él todas las cosas fueron creadas; sin él, nada de lo creado
> llegó a existir.[14]

Según el Efecto Doppler, el universo aún se está expandien-
do. Es decir que las palabras que Dios pronunció en el principio
todavía están creando galaxias al borde del universo. Esta es la
forma de Dios de decir: "Miren todo lo que puedo hacer con
cuatro palabras". Todo lo que vemos una vez fue *dicho*.

La mayoría de las personas alegan nunca haber escuchado la
voz de Dios. Si se refieren a su voz audible, no tengo nada que
decir. Pero hay una realidad que supera lo que podemos probar,
tocar, ver, oler u oír con los cinco sentidos. Dios usa su voz in-
frasónica y ultrasónica para sanar y revelar, para guiar y dotar,
para convencer y crear.

Sé lo que estás pensando: *Yo no puedo hablar y crear cosas*. No
te apresures. Quizás no produzcas el *Big Bang* del universo, pero

al igual que el Dios a cuya imagen fuiste creado, tus palabras crean mundos.

Cuando llegamos a este mundo nuestra forma primaria de comunicación es el llanto. A los pocos meses los bebés comienzan a armar las primeras sílabas. El niño de uno o dos años se las arregla para tener entre cincuenta y cien palabras en su vocabulario. Ya desde la infancia las palabras son lo que le dan sentido al mundo. ¡Y son también la forma de salirse con la suya! Lo mismo para los adultos. Nuestro vocabulario se expande de manera exponencial, como también nuestra habilidad para comunicarnos con el tono y la postura corporal, pero usamos las palabras por la misma razón.

Según el Diccionario Oxford, hay aproximadamente 171 146 palabras en uso en el idioma inglés, sin mencionar las 47 156 que ya están obsoletas.[15] De acuerdo con la lexicógrafa Susie Dent, el vocabulario activo promedio de un adulto angloparlante es de apenas veinte mil palabras, mientras que el pasivo alcanza las cuarenta mil.[16]

Yo no sé si tu vocabulario está por encima o por debajo del promedio, pero tengo una teoría: solo tienes que ser bueno con tres cosas para tener éxito en todo lo que hagas. ¿Cuáles son esas tres cosas? *Por favor, perdón* y *gracias*. Okey, tal vez no tengas éxito con el *Scrabble* o los concursos de deletrear, pero sí en todo lo demás.

Si quieres ser médico, te recomiendo ir a la facultad de medicina. Si quieres ser abogado, a la de leyes. Pero tu título no hará que seas promocionado. Hay un montón de gente por ahí con doctorados. El mejor indicador de éxito en la vida, en el amor y en el liderazgo es tu habilidad para decir *por favor, perdón* y *gracias*.

"Alrededor de un 15 % del éxito financiero de una persona se debe al conocimiento técnico", dijo Dale Carnegie, "y un

85 % a las habilidades en tecnología humana".[17] Cuando se trata de tecnología humana, el punto decisivo es el uso de las palabras *por favor, perdón* y *gracias*. Estas son el fundamento de todas las relaciones felices y saludables. Ellas determinarán lo feliz y —podría agregar— lo santo que eres.

¿Cómo cultivo relaciones profundas con las personas?

¿Cómo enmiendo los errores que cometí?

¿Cómo supero el trauma?

¿Cómo encuentro verdadera felicidad?

¿Cómo renuevo el ambiente en casa?

¿Cómo cambio la cultura en el trabajo?

¿Cómo hago amigos e influencio a la gente?

Siendo muy bueno en *por favor, perdón* y *gracias*. Claro que no puedes repetirlas como un loro, sino que tienes que sentirlas. Estos vocablos se tienen que volver parte de tu vida. ¿Cómo lo logras? Con tus palabras. Porque ¡las palabras crean mundos!

POR FAVOR
PERDÓN
GRACIAS

Parte 1

LA PSICOLOGÍA DEL *POR FAVOR*

En 1879 Francis Galton inventó la prueba de asociación de palabras, "una prueba en que el participante responde a una palabra-estímulo con la primera palabra que se le viene a la cabeza".[1] Carl Jung usó estas pruebas para investigar el subconsciente de sus pacientes. Ellos escuchaban cien palabras estimulantes y sus respuestas revelaban los traumas del pasado, temores subliminales y conflictos internos. Jung prestaba especial atención a las que provocaban reacciones viscerales; había palabras disparadoras que generaban reacciones emocionales negativas y recuerdos dolorosos, y otras que eran todo lo contrario.[2] Al igual que el bálsamo de Judea, las palabras pueden tener propiedades curativas o pueden rebotar alrededor de la mente con todo el ruido y el caos de una máquina de pinball.

Cada uno de nosotros tiene una relación única con las palabras. Las escuchamos de manera diferente, según nuestra experiencia pasada. Cuando Josías era un niño pequeño pensaba que el término "discípulo" significaba tormenta. Creo adivinar que es porque le leí la historia sobre la tormenta que azotó a los discípulos en el mar de Galilea. De allí les debe haber dado ese sentido. Cuando se formaban nubes en el cielo, solía decir: "Los discípulos vienen". Correcto o no, el hecho es que diferentes palabras significan distintas cosas para las personas.

Si digo *azul*, ¿qué te viene a la mente? Muchos lo asocian de inmediato con el *cielo*. Si militas en política, pensarás en *estados azules* y *estados rojos*. Si te graduaste en Michigan, lo asociarás con el equipo de fútbol americano Big Blue. O tal vez creciste mirando *Las pistas de Blue*, y ahora mismo está sonando la canción en tu cabeza. Las palabras evocan recuerdos de antaño, sacan a la luz emociones profundas, prenden una luz roja a nuestros mecanismos de defensa y canalizan ideas alocadas. Y lo logran sin que seamos conscientes de ello.

Por muchas décadas un psicólogo social llamado John Bargh realizó estudios sobre la forma en que las palabras afectan la conducta. En uno de ellos, estudiantes de grado recibían una prueba que consistía en una frase desordenada. Una versión contenía palabras sueltas como *perturbar*, *molestar* e *interrumpir*. Una segunda versión tenía intercaladas palabras amables como *respetar*, *considerar* y *ceder*. Los individuos pensaban que estaban siendo evaluados en su inteligencia, pero en realidad estaban siendo preparados de manera inconsciente por esas palabras.

La imprimación es una rama de la psicología que estudia el estímulo y la respuesta, y son las palabras las protagonistas estelares. El término *enfermera* se reconoce más rápidamente si está precedido de *doctor*. Lo mismo ocurre con *perro* y *lobo*. ¿Por qué es así? Es un principio semántico que te hace pensar en categorías. Si menciono el Empire State, eso te hace pensar en Nueva York. De la misma manera, decir *por favor* te hace pensar en cortesía.

Después de hacer la prueba de cinco minutos de la frase desordenada, se les pidió a los estudiantes que descendieran al hall y hablaran sobre su próxima tarea con la persona que conducía el experimento. Al llegar los estudiantes, un actor estaba conversando estratégicamente con el investigador. Bargh quería ver si los sujetos que estaban siendo expuestos a palabras amables esperaban más tiempo antes de interrumpir que los que habían sido expuestos a palabras toscas. ¿Cuál fue el resultado? El grupo expuesto a palabras negativas interrumpía, en promedio, dentro de los cinco minutos. ¿Y los que habían sido expuestos a palabras amables? El 82% de ellos nunca los interrumpió.[3] Si la prueba no se hubiera acabado a los diez minutos, quién sabe cuánto habrían esperado.

¿Qué diferencia hace una palabra amable? En términos cuantitativos, puede hacer una diferencia del 82%. No subestimes el poder de las palabras amables, especialmente del *por favor*.

Por definición, *por favor* produce sentimientos positivos. Le agrega urgencia y emoción a una petición. Es una postura de respeto que provoca reciprocidad. Es pedir en vez de exigir, pero solo es efectiva en la medida en que sea auténtica. Si tratas de usarlo para manipular, tendrá el efecto contrario. Nuestras motivaciones deben coincidir con nuestras palabras. ¡Tienes que decir lo que sientes y sentir lo que dices!

Por amor a Emily Post, necesitamos un renacimiento de amabilidad y esto comienza con un *por favor*. "[El *por favor*] Establece el tono para todo lo que sigue", dijo Post, "y es uno de los buenos modales universales".[4] Nada enciende la mecha como un *por favor*. ¿Cómo funciona? "Cambia una orden por una petición".[5] Noticia de último momento: a nadie le gusta que le digan lo que tiene que hacer.

Cuando Christian Herter era gobernador de Massachusetts detuvo su vehículo junto a una barbacoa en una iglesia, luego de un largo recorrido de campaña. Mientras hacía la fila para recibir su plato, pidió una segunda pieza de pollo. La mujer que servía la comida le dijo: "Disculpe señor, es uno solo por persona". El gobernador Herter era un hombre humilde, pero tenía hambre. "¿Usted sabe quién soy yo? Soy el gobernador del estado". Sin mosquearse, la señora respondió: "¿Usted sabe quién soy yo? Soy la encargada de la cocina. Ahora, ¡andando señor!".[6]

Las órdenes se entienden como derechos, se trate del gobernador o no. Un simple *por favor* allana el camino. Te llevará más allá de tu título, tu posición o las letras que van antes de tu nombre. La expresión *por favor* es una postura de humildad y nadie lo hizo mejor que Jesús.

> No hagan nada por egoísmo o vanidad; más bien, con humildad consideren a los demás como superiores a ustedes mismos. Cada uno debe velar no solo por sus propios intereses, sino también por los intereses de los demás. La actitud de ustedes debe ser como la de Cristo Jesús, quien, siendo por naturaleza Dios, no consideró el ser igual a Dios como algo a qué aferrarse. Por el contrario, se rebajó voluntariamente, tomando la naturaleza de siervo.[7]

Los teólogos lo llaman *kenosis*: vaciarse de uno mismo por los demás. Todo se trata de valorar a los otros. Puedes aprender el sutil arte de la persuasión y te ayudará a lograr lo que deseas. Pero muy a menudo se abusa de la persuasión para propósitos egoístas y se transforma en un juego de suma cero con ganadores y perdedores. Hay una forma mejor de hacerlo: la de Jesús. Es entregarnos, buscar el interés de los demás, es poner el foco en el otro.

Por favor es posponer tus preferencias.

Por favor es renunciar a tus derechos.

Por favor es darles ventaja a los demás.

Por favor es agregarles valor a otros.

Por favor es dejar la pelota en la cancha ajena.

Por favor es honrar a los demás por encima de ti mismo.

Cuando colocas un *por favor* antes de un pedido, genera un efecto de ola. Se le llama la ley de la reciprocidad. Cuando alguien es amable contigo hay un impulso innato de ser cortés a cambio. La psicología del *por favor* no es ninguna ciencia. Es tan simple como la regla de oro: "Traten ustedes a los demás tal y como quieren que ellos los traten a ustedes".[8] ¡Y todo comienza con un *por favor*!

1
¡Aquí *estás*!

No se trata de ti.
—RICK WARREN, *Una vida con propósito*

Jennie Jerome, madre de Winston Churchill, cenó una vez con dos primeros ministros de Inglaterra en noches consecutivas. Cuando le preguntaron su impresión acerca de cada uno, dijo de William Gladstone: "Cuando abandoné el comedor después de haber estado sentada junto a Gladstone, pensé que era el hombre más inteligente de toda Inglaterra. Pero después de cenar con Benjamin Disraeli, me marché sintiendo que yo era la mujer más inteligente de toda Inglaterra".[1]

William Gladstone era bueno proyectando su personalidad carismática, y no hay nada malo en eso. Naturalmente tendemos a esforzarnos por dar la mejor impresión. Benjamin Disraeli era bueno en sacar lo mejor del otro. ¿Cuál es la diferencia? Gladstone estaba enfocado en sí mismo mientras que Disraeli estaba enfocado en el otro. "Háblales a las personas acerca de ellos mismos y te escucharán por horas", decía Disraeli.[2]

Mi padre espiritual, Dick Foth, dice que hay dos clases de gente en el mundo. La primera clase de persona entra en una habitación y anuncia internamente: *aquí estoy*. Están bastante impresionados consigo mismos. Su ego casi no cabe por la puerta. Todo se trata de *mí* y de *yo*. La segunda entra en un lugar y anuncia internamente: *aquí estás*. Dejan su ego en la puerta. Todo se trata de los demás, y su objetivo es agregar valor a los demás.

¿Cuál eres tú?

¿Eres una persona *aquí estoy*?

¿O eres alguien *aquí estás*?

La gente que intenta impresionar a otros es mediocre. Lo que es realmente impresionante es ver a alguien que no trata de impresionar a nadie. En el mismo sentido, las personas más interesantes son las que prestan genuino interés a los demás. Les hacen muchas preguntas y van siguiendo la conversación con un: "Cuéntame más".

El famoso apologeta Francis Schaeffer dijo una vez: "si dispusiera de apenas una hora con alguien, pasaría los primeros cincuenta y cinco minutos haciéndole preguntas y descubriendo las preocupaciones de su mente y su corazón, y solo en los últimos cinco minutos compartiría algo sobre la Verdad".[3] Schaeffer entendía la virtud de la escucha. Su esposa, Edith, decía que tenía el ministerio de la conversación.[4]

¿Sabías que Teddy Roosevelt leía quinientos libros al año? Y eso mientras era presidente.[5] ¿Cómo lo hacía? Para empezar, ¡no miraba televisión ni navegaba en las redes sociales! Había muchas menos distracciones hace un siglo atrás, pero no creo que leyera menos si viviera hoy. ¿Por qué? Porque tenía una curiosidad santa por toda la creación de Dios, y leer era su manera de investigar. Roosevelt se preparaba para las visitas, se preparaba para las conversaciones, hacía la tarea. ¿Qué pasaría si nosotros nos enfocáramos en las conversaciones de esa manera? ¡Hablaríamos mucho menos del clima!

¿Estás viviendo tu vida a un ritmo de conversación? Y cuando estás con alguien, ¿hablas más de lo que escuchas? Me ha pasado que personas cruzaron el país para estar una hora conmigo y no me permiten meter un bocadillo. En serio, me encanta oír las historias de la gente, pero todavía sigo pensado por qué razón querían hablar conmigo. Supongo que literalmente todo lo que necesitaban era hablar.

Tengo este pensamiento: Dios nos dio dos oídos y una boca, ¡usémoslos proporcionalmente! ¿Qué tiene que ver todo esto con el *por favor*? *Por favor* es una postura de escucha, está enfocada en el otro, está pidiendo permiso, lo cual le otorga el poder a la otra parte. Los coloca en la silla del capitán.

El autor y profesor Adam Grant hace una distinción entre *los que dan* y *los que toman*.[6] Los que toman tienen una mentalidad de escasez, tienden a enfocarse en sí mismos: *aquí estoy*. Es un mundo voraz y su interés primario es el propio. Los que dan tienen una mentalidad de abundancia, de "lo que se siembra, se cosecha". Su objetivo es agregarles valor a los demás: *aquí estás*.

El análisis de costo-beneficio de los que dan y los que toman es diametralmente opuesto. Para los que toman, el que tiene más juguetes al final del partido, gana. Se trata de conseguir lo suyo. El que da no solo ama dar, sino que vive para hacerlo. "No es tonto el que pierde lo que no puede conservar para ganar lo que no puede perder", dijo el misionero Jim Elliot.[7]

Mi amigo Brad Formsma escribió *I Like Giving* [Me gusta dar]. Es la regla de oro cuando se trata de generosidad. Tiene que ver con inspirar generosidad cada día en pensamientos, palabras, dinero, tiempo, atención, posesiones e influencia. Fue Brad quien me presentó a Stanley Tam, el fundador de la empresa United States Plastics. Cuando conocí a Stanley estaba en sus noventas y había donado más de ciento veinte millones de dólares para causas del reino. Cuando estábamos cenando dijo algo que nunca olvidaré: "La pala de Dios es más grande que la nuestra". En otras palabras, nunca puedes dar más que Dios. Luego añadió algo simple pero profundo: "Dios todavía no puede terminar de recompensar a Abraham porque su simiente se sigue multiplicando".

¿Qué pasaría si viéramos a las palabras del modo en que vemos el dinero?

¿Qué pasaría si viéramos nuestras palabras como regalos?

¿Qué pasaría si fuéramos generosos en palabras que dan vida?

"Les aseguro que todo lo que hicieron por uno de mis hermanos, aun por el más pequeño, lo hicieron por mí", dijo Jesús.[8] Esta es la propiedad transitiva aplicada a la generosidad. No puedes bendecir a otros sin bendecir a Dios. Es la ley de las medidas, la ley de los tesoros.

¿Cómo sabes si eres alguien que da o que toma? Tus deducciones detalladas para la ofrenda de caridad son un buen indicador, pero la pista más precisa pueden ser los pronombres. Sí, los pronombres.

Los pronombres son menos de un 10 % de nuestro vocabulario, pero forman parte de casi el 60 % de las palabras que utilizamos.[9] Son pequeñas palabras, pero tienen un poder sutil. "Como los que toman tienden a ser ensimismados", dice Adam Grant, "es más probable que usen pronombres de la primera persona del singular, tales como *yo, mi, mío*, contra la primera persona del plural, que serían *nosotros, nuestro, nuestros*".[10] En una encuesta de gerentes, resultó que el 39 % de los pronombres en primera persona utilizados eran singulares.[11]

Hay una rama fascinante de la psicología que analiza el uso de las palabras para lograr una percepción de lo psicológico. El profesor James Pennebaker creó un programa de software llamado Investigación Lingüística y Conteo de Palabras, y lo utilizó para analizar desde letras de canciones hasta correspondencia terrorista. El FBI le pidió a Pennebaker que aplicara la investigación a las comunicaciones de Al-Qaeda (cartas, videos y entrevistas). Descubrió que el uso de Osama Bin Laden de pronombres personales como *yo*, *mi* y *mío* era bastante cercano al estándar. Pero su segundo en jefe, Ayman Al-Zawahiri, tenía picos dramáticos. "Este aumento dramático sugiere una mayor inseguridad, sentimientos amenazantes y quizás cambios en su relación con Bin Laden", dijo Pennebaker.[12]

En el mundo de la política hay dos maneras fundamentales para hacer que las personas trabajen en pos de un objetivo. Primero, puedes enfocarte en un *enemigo común* y demonizar a todos los que se atreven a disentir contigo. Este acercamiento es increíblemente eficaz si tu objetivo es incitar emociones negativas como temor, odio e ira. Puede ganar algunos votos, pero también dividirá a las personas en "tú o yo". El rabino Jonathan Sacks lo llama dualismo patológico: prejuzga a las personas como "irreprochablemente buenas" o "irremediablemente malas".[13] ¿Cuál es la realidad? "La línea que divide el bien y el mal cala hondo en el corazón de cada ser humano", dijo Alexander Solzhenitsyn. El enfoque del enemigo común es un juego de suma cero.

La segunda manera es celebrando nuestra humanidad en común: la imagen de Dios en mí acoge a la imagen de Dios en ti. Esta allana el camino humanizándonos el uno al otro. Pocas personas son tan eficaces como el Dr. Martin Luther King Jr., que apeló a los valores en común, ideales en común y sentido común. "El odio no puede expulsar al odio. Solo el amor puede hacer eso", dijo el Dr. King. ¿Cuál es tu tendencia: el *enemigo común* o la *humanidad en común*?

Ambos acercamientos nos llevan a lugares muy distintos y los pronombres son el punto donde el camino se divide. En vez de *yo versus tú*, el enfoque de la identidad común cambia el *yo* por el *nosotros*.

Como líder, le presto atención a los pronombres. Si estoy usando mucho la primera persona del singular, puede indicar que estoy liderando desde un lugar de inseguridad. Estoy demasiado enfocado en proteger mi ego. Quiero más crédito del que merezco. Cambiamos el guion utilizando pronombres plurales que hablen de nosotros, no de mí. "Es increíble lo que puedes lograr si no te importa quién se lleva el crédito", dijo el presidente Harry Truman.

Cuando los niveles de testosterona aumentan, nuestro uso de los pronombres sociales —*nosotros, a nosotros, ellos, a ellos*— desciende.[14] ¿Por qué? Nos volvemos más orientados a las tareas y menos orientados a las relaciones, lo que a menudo significa que las relaciones se sacrifican por causa del objetivo. Es a mi manera o nada. Tómalo o déjalo.

¿Eres una persona *yo*?

¿O eres una persona *nosotros*?

Los líderes egocéntricos se llevan el crédito y trasladan la culpa.

Los líderes centrados en los demás dan el crédito y asumen la culpa.

El rey Saúl es un caso de estudio excelente sobre la inseguridad. En el inicio de su gobierno experimenta un poco de éxito. ¿Y cómo responde a eso? "Luego Saúl construyó un altar al Señor".[15] Hasta ahí todo bien. Saúl le da el crédito a quien se lo merece. Pero menos de un capítulo más tarde dice: "Saúl fue a la ciudad de Carmelo a levantar un monumento en su propio honor".[16]

Estos dos versículos reflejan dos momentos definitorios y revelan la falla trágica en el carácter de Saúl. Si encuentras tu identidad en Cristo, edificas altares para Dios. Si estás tratando de demostrarle a la gente quién eres, te edificas monumentos para ti mismo. Y cuanto más inseguro eres, mayores tendrán que ser esos monumentos. ¿Recuerdas a Nabucodonosor? Él se edificó una estatua de noventa pies de altura y exigió que se inclinaran ante ella.[17] ¿Quién hace eso? Alguien que necesita compensar una horrible inseguridad.

¿Estás edificando altares para Dios?

¿O estás construyendo monumentos para ti mismo?

Durante los días del rey Saúl, los israelitas cantaban una canción que lo sacó de quicio: "Saúl mató a sus miles, ¡pero David, a sus diez miles!".[18] Cada vez que se escuchaba la canción, provocaba un espíritu de celos en Saúl. "A David le dan crédito por diez miles, pero a mí por miles. ¡Lo único que falta es que le den el reino!".[19] ¿Qué hizo Saúl? "Y a partir de esa ocasión, Saúl empezó a mirar a David con recelo".[20]

La envidia es uno de los siete pecados capitales. De acuerdo con Tomás de Aquino, es el sentimiento de pesar por el bien de otro.[21] Mi definición favorita es de Robert Madu: "La envidia es el trofeo que la mediocridad le entrega a la excelencia".[22] La única manera de derrotar la envidia, en mi propia experiencia, es hacer todo lo contrario a lo que sientes. Si sientes envidia por alguien, habla bien de él a sus espaldas. Más aún, elógialo en su propio rostro. Lento pero seguro, apaciguará la envidia. Hasta que no puedas celebrar el éxito del otro, no estarás listo para experimentar el propio.

¿Cuál es la ironía de la historia? David fue en realidad el mejor recurso de Saúl. Él le ayudó a Saúl a conservar la cara contra Goliat y le salvó el reinado. ¿Cuál fue el principio del fin? Saúl comenzó a jugar el juego de la comparación y ese siempre es un juego de suma cero. Nadie sale ganando en el juego de la comparación. El resultado es el orgullo o la envidia, así que de todos modos ¡tú pierdes!

¿Qué tiene que ver todo esto con el *por favor*?

Por favor es un acercamiento a la vida en primera persona del plural. Cambia el *mí* por el *nosotros*. Es un abordaje de ganar-ganar en las relaciones. "Ganar-ganar es creer en la Tercera Alternativa", dijo Stephen Covey. "No es tu manera o mi manera; es una manera mejor, superior".[23] Yo agregaría: la manera de Jesús. Vivo mi vida con una regla simple: *si tú no ganas, yo tampoco gano*. El mayor de todos es el que sirve. En vez de pedir el asiento reservado o tomar el lugar de honor, escoges sentarte en el lugar más bajo de la mesa. Si crees que te lo mereces, ¡dices *por favor*!

Aunque soy el pastor principal, nunca uso el pronombre de la primera persona singular cuando hablo sobre la National Community Church (iglesia NCC por sus siglas en inglés). ¿Por qué? Porque no es *mía*. En algún sentido, siento que la NCC es como un cuarto hijo. Hemos invertido veinticinco años de sangre, sudor y lágrimas, pero nunca la llamo *mi* iglesia. ¿Por qué? Porque cada pastor es un pastor interino; todos estamos debajo del gran Pastor.

Jesús no dijo: "Te ayudaré a edificar *tu* iglesia". Parece algo ínfimo, pero los pronombres revelan si los líderes están centrados en ellos mismos o en Jesús.

Los pronombres revelan qué tan santificado o no está tu ego.

Los pronombres revelan si somos de los que dan o de los toman.

Los pronombres revelan si estamos edificando altares a Dios o monumentos a nosotros mismos.

Los pronombres son el timón que determina tu destino. Ellos muestran dónde encontramos nuestra identidad; revelan dónde hallamos nuestra seguridad, e incluso sacan a la luz la idolatría.

La psicología del *por favor* comienza con el pronombre de la primera persona del plural. *Nosotros* es mayor que *yo*.

El poder del *por favor* habita en la segunda persona.

¡*Aquí estás!*

2
Ábrete sésamo

El trabajo es el 'ábrete sésamo' de todas las puertas.
—William Osler

En 1964, Sidney Poitier se convirtió en el primer actor negro en ganar el premio de la Academia a Mejor Actor. Poitier no solo redefinió los roles de los actores negros y afroamericanos rechazando el estereotipo racial, sino que además lo hizo con una sonrisa. "Él… abrió puertas para todos nosotros que habían estado cerradas por años", aseguró Denzel Washington".[1] Sidney usó su influencia para abrir puertas, pero ¿qué o quién abría puertas para él? Sí, finalmente sería nombrado caballero por la Reina Elizabeth II en 1974, pero mucho antes de eso, su madre le había enseñado a decir *por favor* y *gracias*. Él se tomó muy a pecho esta instrucción y más tarde dijo: "Es increíble cuántas veces las palabras *gracias* y *por favor* me abrieron las puertas".[2]

Cada historia de éxito tiene un trasfondo. "Si alcanzas el éxito sin sufrir, otro debió haber sufrido. Si sufres sin tener éxito, otro lo hará", decía Joel Schmidgall. La genealogía del éxito incluye a personas que el mundo nunca conocerá, pero tú no serías quien eres sin ellas. El sacrificio de esas personas creó los cimientos de tu éxito.

El rey David no asume el trono sin sus treinta y siete valientes. El apóstol Pablo no completa sus tres viajes misioneros sin los veintinueve amigos que se mencionan en Romanos 16, un logro del siglo I. Ni siquiera Jesús hace lo que hace sin sus doce discípulos o el grupo de mujeres que crearon un fondo de ahorros para apoyarlo económicamente.

El escritor y pastor Eugene Peterson tenía tres imágenes colgando en la pared de su estudio. La primera era de John Henry Newman, quien inspiró su filosofía de ministerio. La segunda era del barón Friedrich von Hugel, que inspiró su amor por el idioma. La tercera era de un predicador escocés, Alexander Whyte. Cada domingo a la mañana, por treinta años, Eugene leía un sermón de Whyte antes de predicar el suyo.

Esas tres luminarias le servían de centinelas en el muro. "Ellos lo vigilaban cuando estudiaba y leía. Lo vigilaban cuando trabajaba en las palabras que diría, en oración y desde el púlpito", dice Winn Collier.[3] ¡Cada historia de éxito tiene una historia de fondo! Hay alguien que nos mira por encima de nuestro hombro, alguien sobre cuyos hombros nos paramos.

Junto con esos retratos, Eugene Peterson tenía una reunión permanente en su calendario con "FD" tres tardes a la semana. Esas son las iniciales de Fyodor Dostoyevsky. Durante un tiempo difícil en el liderazgo, Peterson leyó toda su obra completa. "Gracias a Dostoyevsky", dijo Eugene, "Dios y la pasión nunca más volverán a estar en riesgo otra vez".[4]

¿Quién es tu nube de testigos?

¿Qué retratos cuelgan en las paredes de tu alma?

¿Quién creyó en ti cuando dudabas de ti mismo?

Cuando Sidney Poitier era adolescente, se presentó en una audición para un papel en el prestigioso Teatro Negro Americano de Harlem. No lo obtuvo porque no pudo leer el guion.

En ese tiempo, Poitier estaba trabajando como lavacopas en el turno de la noche. Un día, un viejo mozo judío lo vio con un periódico en la mano y le preguntó: "¿Qué noticias hay en el diario?". Poitier le dijo: "No puedo decírtelo porque no sé leer muy bien".[5]

Después de muchas semanas de paciente mentoreo, Poitier aprendió a leer lo suficiente como para tomar un papel de aprendiz en el Teatro Negro Americano. Cuando recibió el Premio Lifetime Achiever medio siglo más tarde, dijo: "También debo agradecerle a un viejo camarero judío que se tomó el tiempo de enseñarle a leer a un joven lavacopas negro".[6] Poitier rindió tributo con el elogio final: "Una pequeña parte de él está en todo lo que yo hago".[7]

El legado no es algo que tú logras. Es lo que otros logran por causa de ti. Es dar fruto en los árboles de otros, y a menudo comienza con un *por favor*, un *perdón* o un *gracias*. Se trata de ser lo suficientemente valientes como para brindar ayuda, y ser lo suficientemente humildes como para recibirla. Esos son los momentos que se convierten en hitos en nuestra vida.

William Osler, el fundador de la medicina moderna, dijo: "El trabajo es el ábrete sésamo de todas las puertas".[8] Y no disiento. Tienes que trabajar como si todo dependiera de ti. Pero las palabras importan demasiado, ¡y no hay mejor "ábrete sésamo" que un *por favor*!

¿Recuerdas la historia de "Alí Babá y los cuarenta ladrones" de la versión de Antoine Galland de *Las mil y una noches*? "Ábrete sésamo" era la frase que abría la boca de la cueva en la que estaba escondido el tesoro. Nada es mejor para abrir puertas imposibles que un simple *por favor*.

Muy a menudo quedamos con la lengua afuera tratando de golpear puertas ejerciendo nuestros privilegios ejecutivos. ¿Por qué? Porque queremos que el mundo se arrodille ante cada capricho que tenemos. Queremos que el mundo entero gire en torno a nuestros deseos. Entonces usamos el título o la posición como si fuera un ariete. Ni siquiera Dios hace eso. ¡Jesús es un caballero!

Mira que estoy a la puerta y llamo.[9]

En 1853, el artista inglés William Holman Hunt pintó un retrato de Jesús ante una puerta, golpeando. Era una representación visual de este versículo, y hay un detalle que capta la atención. La puerta no tiene picaporte del lado de afuera. ¿Por qué? Porque se abre desde adentro. Dios nos ha dado libre albedrío y Él no lo violará.

¿Estás llamando a algunas puertas?

¿O las estás tirando abajo?

Hay un viejo refrán que dice: "Un hombre convencido contra su voluntad sigue teniendo la misma opinión". Nuestros intentos por cambiar las opiniones de las personas por lo general encuentran oposición. Es como la antigua fábula de Esopo en la que el sol y el viento discutían por quién de ellos tenía más fuerza. El tema se resolvió con la ayuda de un viajero que usaba una capa. ¿Quién de ellos podía hacerlo desprenderse de ella? El viento comenzó a soplar, pero el hombre se aferró a su capa con más fuerza. El sol comenzó a brillar, y ciertamente un poco de calor hizo que se la quitara por propia voluntad.[10]

Un lindo *por favor* es como un rayo de sol. Es mucho más efectivo que tratar de abrirse camino por la fuerza bruta. No solo gana amigos, sino también enemigos y los convierte en amigos. La persuasión es como el arte de la iniciación. Amablemente siembras semillas en las mentes de las personas. ¿Cómo lo haces? En vez de emitir decretos, haces preguntas. En vez de hacer demandas, haces pedidos. Un *por favor* le da un margen a la gente para apropiarse de la idea, adaptarla e implementarla. Si ellos se adueñan de la idea, ella los posee. Si no, estarás haciendo más gestiones de las que quieres hacer.

¿Puedo confesarte algo? ¡Soy loco por el control! Es terriblemente difícil para mí dejarle a Dios el control. Pero jugar a ser Dios es absolutamente agotador, y no soy muy bueno con eso. Con lo cual, he aprendido a darle una medida extra de gracia a las personas que tienen diferentes experiencias, distintas personalidades.

Sean humildes y amables; tengan paciencia y sopórtense unos a otros con amor.[11]

La Nueva Traducción Viviente traduce así la última frase: "tolérense las faltas por amor". Tolerancia no quiere decir relativismo; ese es un terreno resbaladizo. No es poner un sello de aprobación a todo lo que está fuera de la buena, agradable y perfecta voluntad de Dios. ¿Y qué es, entonces? La tolerancia bíblica es darle a los demás la misma medida de libre albedrío que Dios nos da a nosotros. Es contra mi religión imponerle mi religión a todos los demás. Oswald Chamber lo dijo mejor: "Deja que Dios sea tan original con los otros como lo fue contigo".

Cuando amenazas a las personas, se ponen a la defensiva. Lo mismo con la insistencia. Cuanto más presionas, más se resisten. En vez de intentar poner mano dura a través de vientos fuertes, brillamos como estrellas. ¿No es eso lo que Dios hace? Cuando Él nos quiere cambiar, nos muestra su bondad.[12] ¿Y si eso no funciona? ¡Se muestra aún más bondadoso! Es psicología inversa (o tal vez debiera decir teología inversa). En palabras de Selena Gómez, es "matarlos con amabilidad".[13]

El Sermón del Monte gira en torno a seis antítesis. Amar a nuestros enemigos, orar por los que nos persiguen y bendecir a los que nos maldicen. Poner la otra mejilla, hacer la milla extra y dejarle la camisa y también la capa. Esos contra-hábitos son contradictorios, pero así es como cambiamos la atmósfera. Así es como operamos en el espíritu opuesto. Y cuando lo hacemos, ¡genera preguntas para las cuales el evangelio es la respuesta!

¿Qué tiene que ver eso con la psicología del *por favor*? Nada desarticula los mecanismos de defensa mejor que un bello *por favor*. El *por favor* es nuestro caballo de Troya. En vez de arremeter contra la puerta con un ariete, nosotros pedimos, buscamos y llamamos.

> Pidan, y se les dará; busquen, y encontrarán; llamen, y se les abrirá.[14]

Esos son verbos en el presente imperativo. En otras palabras, nunca llegas. Sigues pidiendo, sigues buscando, sigues llamando. No, no como un correo basura que sigue llegando a tu celular. Te cuento un pequeño secreto: *las oraciones audaces honran a Dios y a los oradores audaces*. ¿Por qué? Porque revelan una gran fe.

Permíteme hacer una distinción entre las dos clases de confianza. El epicentro de la confianza en sí mismo es el yo. El epicentro de la confianza santa es el carácter de Dios. Aun cuando no podemos ver su mano, confiamos en su corazón. Sabemos que Dios no le negará ningún bien a los que caminan ante Él con rectitud. La bendición original precede al pecado original, y esa secuencia es significativa. La bendición es el instinto más antiguo de Dios.[15]

> ¿Quién *de* ustedes, si su hijo le pide pan, le da una piedra? ¿O si le pide un pescado, le da una serpiente? Pues si ustedes, aun

siendo malos, saben dar cosas buenas a sus hijos, ¡cuánto más su Padre que está en el cielo dará cosas buenas a los que le pidan![16]

Una de mis historias favoritas de Navidad es sobre un pequeño llamado Benjamín que quería una hermanita como regalo de Navidad, y decidió escribirle una carta a Dios. "Querido Dios: he sido un niño muy bueno…". Dejó de escribir, sabiendo que no era del todo cierto. "Querido Dios: he sido un niño bastante bueno…". Eso no sonaba muy convincente, así que hizo un bollo y arrojó el papel al cesto. Benjamín intentó probar una táctica diferente. Tomó la figura de María del pesebre, debajo del árbol navideño, y la escondió debajo de su cama. Luego reescribió su carta: "Querido Dios, si quieres volver a ver a tu madre otra vez…".

Nos reímos de su inocencia, pero hacemos lo mismo, ¿o no? No tan abiertamente, pero empleamos las mismas tácticas: el soborno y la extorsión. "Querido Dios: si haces esto yo haré aquello. Si no lo haces, yo tampoco lo haré". Pero hay buenas noticias: Dios tiene bendiciones para nosotros en cosas que ni siquiera podemos concebir. Por supuesto, tenemos que posicionarnos para la bendición. ¿Cómo lo hacemos? El *por favor* es un buen lugar desde donde comenzar.

¡Dios no responderá el 100 % de las oraciones que no hagas! No tienes porque no pides.[17]

Dios es honrado cuando le pedimos, pero tenemos que pedir por las razones correctas. Una palabra de advertencia: algunas personas están tan ocupadas subiendo la escalera del éxito que no se dan cuenta de que ella está apoyada en la pared equivocada. ¿Cuál es mi consejo? No busques la oportunidad; ¡busca a Dios, y las oportunidades te buscarán a ti!

¡Ábrete sésamo!

3

Dilo con una sonrisa

Sonríe: es una terapia gratuita.
—Douglas Horton

Joey Reiman es el fundador de BrightHouse, una corporación de ideación que vende ideas por millones de dólares. En su libro *Thinking for a Living* [Ganarse la vida pensando] Reiman habla sobre una singular venta promocional. Había una ardua competencia por una cuenta publicitaria que Reiman verdaderamente deseaba, y recibió un dato. Sabía que los ejecutivos de esa compañía estaban comiendo en Casa Mía, un lujoso restaurante en Dallas. Joey le dio una "recompensa" al *maître* y contrató una banda de mariachis para que cantaran su argumento de ventas. No hace falta decir que le otorgaron el contrato.[1] Pero su mejor venta puede haber sido la forma en que le propuso matrimonio a su novia, Cynthia Good.

Cynthia era presentadora en un canal de noticias, y Joey orquestó un plan que involucraba al alcalde de Atlanta, el departamento de policía y la firma japonesa que era dueña del edificio más alto en toda la ciudad. Antes de las noticias de las seis de la tarde, el director del programa le dijo a Cynthia que había una redada antidrogas de guantes blancos en el último piso de la torre del edificio de IBM y que el jefe de policía le estaba dando la primicia a ella. Cynthia corrió con su equipo de camarógrafos y encontró veinte patrulleros y un equipo SWAT esperando su llegada. El equipo SWAT la escoltó hasta el piso 15 y golpeó la puerta. Cuando se abrió, en vez de encontrar el cártel de drogas, estaba Joey Reiman arrodillado proponiéndole matrimonio. ¡Ella dijo que sí! Luego tuvieron una cena para dos mientras miraban el sol ponerse en la ciudad de Atlanta.[2]

Si estás planeando comprometerte, no te sientas presionado con esta historia.

Pedir es un arte, ¿no es cierto? Cuando se hace bien, implica una reflexión profunda. Mi consejo es que ores antes de verbalizarlo. La palabra justa en el momento equivocado no funciona. El tiempo es crítico, como también el tono. Cuando yo grabo audiolibros, trato de sonreír. En un sentido no tiene sentido, porque es un audiolibro. Pero una sonrisa cambia el tono y el tenor de tu voz.

Ya que estamos hablando del tema, la ciencia que se esconde detrás de la sonrisa es realmente fascinante. Las estimaciones varían, pero se necesitan veintidós músculos faciales para sonreír, mientras que se precisan treinta y siete para fruncir el ceño.[3] Ahórrate un poco de energía y sonríe. Sonreír alivia el estrés, estimula tu sistema inmunológico, reduce la presión sanguínea y te ayuda a vivir más. Pero espera… ¡hay más! Sonreír te ayuda a mantenerte positivo, proyectar confianza y te hace más atractivo.[4]

Cuando nuestros hijos eran pequeños repetíamos un mantra con gran frecuencia: *tu rostro le dice a tu cuerpo cómo sentirse*. ¡Puedes cambiar tus sentimientos por medio de las expresiones faciales! Todo lo que tienes que hacer es cambiar esa mueca de tus labios de abajo hacia arriba.

Estudios han indicado que los niños sonríen aproximadamente 400 veces al día. Los adultos lo hacen en promedio 20 veces al día. En alguna parte entre la niñez y la adultez perdimos unas 380 sonrisas, ¡y tenemos que recuperarlas! Es parte de lo que significa ser como niños. Sonreír es la forma que tenemos de poner en acción nuestros cuarenta y tres músculos faciales, así como el nervio craneal séptimo que los controla. ¿Sabes qué es lo gracioso? Está científicamente demostrado que sonreír te hace más atractivo.[5]

¡Una sonrisa le agrega *belleza* a tu *por favor*!

Por favor, haz con tus siervos una prueba de diez días. Danos de comer solo verduras, y de beber solo agua.[6]

No tengo idea de qué tono de voz usó Daniel y no puedo demostrar que lo dijo con una sonrisa, pero dijo *por favor*. Daniel tenía tacto, multiplicado por diez.[7] Su cociente intelectual era bastante alto. Después de todo, pasó tres años estudiando la literatura y la lengua de los babilonios. Pero no creo que eso haya sido lo que lo promovió a primer ministro. La genealogía de su éxito se remonta a un simple *por favor*. Fueron diez días de ayuno lo que hizo destacar a Daniel. Halló gracia con un *por favor*.

Según Daniel Goleman, el coeficiente intelectual (IQ) es responsable de solo el 20 % de los factores que llevan al éxito en la profesión.[8] El otro 80 % se le atribuye a la inteligencia emocional. Esta se expresa a través de un amplio rango de habilidades que incluyen la automotivación, la persistencia ante la oposición, controlar los impulsos emocionales y regular el ánimo. El principal componente de la inteligencia emocional es la empatía, que veremos en profundidad en la ciencia del *perdón*.

Una dimensión de la inteligencia emocional es entender el contexto. No es solo decir lo que se debe decir, sino saber cuándo y cómo decirlo. Daniel hablaba con "tacto e inteligencia".[9] La palabra hebrea usada para "tacto" significa "gusto". Al igual que un *sommelier* puede catar los taninos, el sabor de la barrica, la altitud y la edad de la uva, Daniel ejercía el discernimiento y operaba con diplomacia. El tacto es ver más allá del problema e identificar la causa raíz. Es entender el ecosistema conectando los puntos.

El *por favor* debe ser pronunciado en un lenguaje que la gente pueda entender. De tanto en tanto, cuando como en un restaurante etíope, digo *ameseginalehu*. Es el término amárico que se usa para decir "gracias". Cuando lo pronuncio, los que hablan amárico se iluminan. ¿Por qué? Porque estoy dando las gracias en su idioma. Parte de decir *por favor* es entender la personalidad del individuo con el que estás hablando. ¿Cuál es su número en el Eneagrama? ¿Cuál es su lenguaje de amor? Tienes que decir *por favor* en el idioma que ellos entienden y aprecian.

Déjame ser dolorosamente práctico. Hay tres claves para un *por favor* eficaz, y tener solo dos de tres no te ayudará a llegar al lugar que deseas. Necesitas las tres.

Tu *por favor* debe ser preciso

No puedes decir *por favor* y dar rienda suelta. Hablando en términos generales, la gente no firma cheques en blanco. Tu *por favor* debe ser bien definido, como tus palabras. Cuanto más matizado sea, más sentido tendrá.

En su libro *Caring for Words in a Culture of Lies* [Cuidar las palabras en una cultura de mentiras], Marilyn McEntyre dice:

"Cuidar las palabras es un llamado supremo".[10] Eso es especialmente cierto del *por favor*, del *perdón* y de las *gracias*. McEntyre comparte una tarea que les da a sus alumnos, donde les pide que escriban sus propias definiciones de cinco palabras: liberal, conservador, seguridad, terrorista y cristiano. "Los resultados dan qué pensar, tanto en rango como en banalidad", afirma McEntyre.[11] ¿Por qué? Porque si no podemos ponernos de acuerdo en las definiciones, ¿cómo podremos dialogar? Las palabras imprecisas ocasionan una gran medida de la polarización en la esfera pública. Por supuesto que lo opuesto también es cierto. "Si tus verbos son precisos, tu escritura mejorará", dice.[12] Lo mismo se puede decir del *por favor*.

Observa lo preciso que es el *por favor* de Daniel. Especifica su dieta: vegetales. Define el tiempo: diez días. Tu *por favor* debe ser preciso. Define quién, qué, cuándo, dónde y por qué. A la gente le cuesta decir que sí si no sabe a qué está diciéndolo.

¿Recuerdas el encuentro que Jesús tuvo con el ciego llamado Bartimeo? Jesús dijo: "¿Qué quieres que haga por ti?".[13] Esa pregunta parece innecesaria, ¿no? La respuesta es obvia: quiere volver a ver. Entonces, ¿por qué Jesús se lo pregunta? Para empezar, muchos de nosotros ni siquiera sabemos lo que queremos. Si Jesús nos hiciera esta pregunta sin rodeos, nos quedaríamos en blanco. La mayoría de nosotros estamos desactualizados de lo que realmente queremos. Hasta que no podamos explicar con precisión lo que deseamos y por qué lo deseamos, no estamos listos para alcanzarlo.

Hay una lección más en este encuentro. Deja de poner palabras en la boca de los demás. Ni siquiera Jesús hace eso. Hay ingenio en lo que Él hace aquí: le hace al hombre decir con sus propias palabras lo que quiere. Cuando decimos las cosas con nuestras palabras, nos hacemos cargo de ellas. En psicología eso se llama "efecto generación". Tenemos mejor memoria de las cosas que hemos pronunciado en voz alta o hemos escrito.

Tu *por favor* debe ser oportuno

"Es muy grato dar la respuesta adecuada, y más grato aun cuando es oportuna", dice el escritor de Proverbios.[14] Si estás fuera de tiempo, no importa lo que digas. "Un saludo alegre y en voz alta temprano en la mañana ¡será considerado una maldición!".[15]

En un tiempo de mi vida en que estaba muy vulnerable, estaba orando en el altar y un pastor puso su mano sobre mi hombro y oró por mí. En un punto durante la oración, la cosa se tornó profética: "Dios te va a usar en gran manera". Esas ocho palabras cambiaron la trayectoria de mi vida. Al igual que el camarero judío que le enseñó a Sidney Poitier a leer, sostengo una deuda de gratitud con ese misionero. ¿Cómo podría pagarle? Ejerzo el don profético en mi vida para pronunciar palabras vivificantes sobre los demás.

¿Cuál es la diferencia entre una palabra de ánimo y una palabra profética? La profética está inspirada por el Espíritu Santo, y a menudo se suelta en el momento en que la persona más lo necesita. Cuanto más precisa, más poderosa.

Como escritor, veo al escritor en los demás. Cada tanto veo un libro en la vida de alguien y lo traigo a la luz diciéndolo. Mi amigo Carey Nieuwof inspira a millones de líderes con su pódcast. Hace poco publicó un libro excelente, *At Your Best* [Dar lo mejor de ti]. Lo leí de un tirón desde los reconocimientos hasta el final y, debo admitir, me sorprendí un poco al ver mi nombre. Él fue tan amable en decir: "La primera aproximación de estos conceptos que se transformaron en este libro vino en el 2015, cuando hablé en Washington D.C., al equipo de Mark Batterson". Yo recuerdo muy bien ese momento. Le dije a Carey —palabras más, palabras menos—: "Por favor, ¡dime que esto será tu próximo libro!". Pocas cosas son tan poderosas como un *por favor* profético, un *por favor* expresado por el impulso del Espíritu Santo.

Tu *por favor* debe ser personal

Cuando mi suegro y mi suegra, Bob y Karen Schmigdall, estaban plantando su iglesia en 1967, su superintendente distrital y su esposa les hicieron una visita. Su grupo pequeño de plantación original estaba compuesto por estudiantes universitarios, así que vivían comiendo salchichas, papas fritas y refrescos. De camino al centro de la ciudad, E. M. y Estelle Clark se detuvieron en la tienda y compraron bifes, papas asadas y helados para todo el equipo. Unos días más tarde mi suegra recibió un regalo en el buzón: un cuchillo eléctrico, que todavía usa y atesora más de cincuenta años más tarde.

¿Alguna vez has recibido un regalo que ha sido bien inteligente y personalizado? Nunca lo olvidas, ¿verdad? Cuando Lora estaba dándole pelea al cáncer, Tim y Cindy Delina, pastores de la iglesia Times Square en Nueva York, le regalaron un brazalete que usa desde entonces. Y no solo le regalaron eso, sino que la añadieron a su lista de oración. Muchos meses después Tim dijo: "Hemos orado por Lora cada día".

Tu *por favor* es mucho más poderoso cuando se hace personal. Un *por favor* genérico se siente como algo vago, ¿no es cierto? Tienes que personalizar tu *por favor*. Tienes que impregnarlo de tu personalidad. Tienes que hacer de tu *por favor* una expresión única y singular de quien eres.

Hace muchos años acepté la invitación de ir a predicar a una conferencia de líderes juveniles. Sinceramente, era algo que estaba un poco alejado de mis capacidades. ¿Por qué acepté? Porque el organizador me envió una tarjeta en la que estaba mi imagen recortada. ¿Cómo podía decirle que no a eso? Un pequeño esfuerzo extra es un montón en estos días, ¿no? Recibo invitaciones genéricas a montones, pero un *por favor* personalizado es difícil de ignorar. Cuanto más personal, más memorable.

Mi amigo Jarvis Glanzer pastorea una iglesia en el gran estado de Minnesota. Yo nací en Mineápolis, y nuestra familia iba de vacaciones al lago Ida en Alexandria, Minnesota, cuando yo estaba creciendo. Fue allí, a los diecinueve años, que sentí el llamado al ministerio. Estaba dando un paseo por una tierra donde pastaban las vacas, cuando oí la inaudible pero inconfundible voz de Dios. Esa pastura es tierra santa para mí. No estoy seguro de qué fue lo que inspiró este acto de generosidad, pero Jarvis encargó una pieza de arte personalizada. Es un mapa del lago Ida tallado en madera con la latitud y longitud del lugar donde sentí el llamado al ministerio. Pocos regalos son tan significativos porque pocos son tan personales.

¡Todos somos creativos! ¿Cómo lo sé? Porque nunca conocí a nadie que no sea creativo a la hora de poner excusas. Eso es creatividad no santificada. ¿Qué sucedería si niveláramos la creatividad a la hora de decir *por favor, perdón* y *gracias*? El mundo sería un lugar mucho mejor.

"Di toda la verdad", decía Emily Dickinson, "pero dila sesgada".[16] Te aconsejo que digas *por favor*, pero lo digas sesgado. Ponle tu firma singular haciéndolo personal.

4

Lavar los pies

Trata a un hombre como es y seguirá siendo
lo que es. Trátalo como puede y debe ser y se
convertirá en lo que pueda y deba ser.

—adaptado de *Wilhelm Meister's Apprenticeship*
de Johann Wolfgang von Goethe

A medida que crecemos, la forma en que nos orienta-
mos en el mundo va cambiando. Hasta los doce años, la mayoría
nos sentimos bien con nosotros mismos. Durante la adolescen-
cia, nuestra autoestima cae a su nivel más bajo. No es sorprendente, lo sé. Junto a los cambios internos, la presión externa
de nuestros pares es casi insoportable. El deseo de sobresalir y de
encajar a la misma vez hace que lo sintamos como imposible.
Y las redes sociales no facilitan las cosas. Pero la buena noticia es
que la autoestima se va incrementando gradualmente hasta los
setenta años. La mayoría de nosotros nos sentimos tan bien con
nosotros mismos a los sesenta y cinco como cuando teníamos
nueve años.[1]

¿Qué tiene eso que ver con la psicología del *por favor*? La forma en que tratas a los demás está relacionada con la manera
en que te sientes contigo mismo. Las personas heridas hieren

proyectando su dolor. Critican en los otros lo que no les gusta de sí mismas.

Hay una tercera dimensión del Gran Mandamiento que a menudo pasamos por alto y menospreciamos. Tenemos la parte de amar a Dios; también tenemos la parte de amar al prójimo. Pero observa este matiz: "Ama a tu prójimo como a ti mismo". Si no te gustas a ti mismo, será difícil que te gusten los demás. Y cuando digo "gusten" no me refiero a los "me gusta" de las redes sociales.

La exempleada de Facebook, Frances Haugen, salió en los titulares de las noticias testificando ante un Comité del Senado de los Estados Unidos por el impacto negativo de las redes sociales. El 32 % de las adolescentes que se sentían mal con su cuerpo dijo que Instagram las hacía sentir peor.[2] ¿Es algo nuevo? Cuando tu *feed* está repleto de fotos con filtro, de gente súper saludable y delgada, en lugares exóticos, haciendo cosas increíbles, inconscientemente te comparas. De repente, ya no nos sentimos tan bien cuando nos vemos en el espejo. Eso se llama "pensamiento contrafactual ascendente".

La tendencia a compararnos negativamente con los demás nunca desaparece, pero es una epidemia entre los adolescentes. "Cada vez que me siento bien conmigo mismo", decía un jovencito, "entro en Instagram y se me pasa".[3]

Según un estudio reciente, el 64 % de los norteamericanos dice que las redes sociales están teniendo un efecto negativo en el país.[4] ¿No es impactante? "Le damos forma a nuestras herramientas y luego ellas nos forman a nosotros", dijo el padre Culkin. En el caso de las redes sociales, la distancia demoniza. Decimos cosas en línea que nunca diríamos en persona. ¿Por qué? Porque probablemente recibiríamos un puñetazo.

Si los medios sociales tienen un impacto tan negativo en nosotros, ¿por qué pasamos tanto tiempo y gastamos tanta energía consumiendo sus contenidos? La respuesta es un fenómeno llamado *doomscrolling*, que es un apetito insaciable por consumir contenido sombrío y deprimente. Como una polilla que es atraída al fuego, psicológicamente nosotros nos sentimos atraídos a las noticias negativas. ¿Sabías que el 90 % de todas las historias son negativas?[5] Los reportes que usaron palabras negativas como "malo" o "peor" fueron un 30 % más eficaces en captar la atención de la audiencia, y la tasa de clics fue un 60 % mayor.[6] Esa tendencia a la negatividad es un asunto mayor del que podemos comprender. Fue un reporte negativo lo que le impidió al pueblo de Israel entrar a la tierra prometida. ¡Diez personas negativas obstaculizaron a toda una nación por cuarenta años!

No estoy invocando el principio de Pollyanna [sesgo de positividad]. Necesitamos un bucle de retroalimentación negativo para poder *sobrevivir*. Sin él, seguimos cometiendo los mismos errores una y otra vez. Pero precisamos el bucle de devoluciones positivas para *avanzar*. Dicho de manera sencilla, celebra aquello que quieres ver más en tu vida. Pablo defendió esta postura en su carta a los efesios:

> Eviten toda conversación obscena. Por el contrario, que sus palabras contribuyan a la necesaria edificación y sean de bendición para quienes escuchan.[7]

Esta regla de oro es cierta, ya sea que estés hablando o mensajeando, sea en persona o virtualmente: *no digas nada de nadie que no le dirías en la cara*. Sé que es más fácil decirlo que hacerlo, pero es el mensaje de la exhortación de Pablo. El problema de las redes sociales es que genera un falso anonimato.

A riesgo de sonar como un troglodita, estoy seriamente preocupado por las consecuencias y efectos no deseados de las redes sociales. Para comenzar, no creo que hayamos sido diseñados para saber todo sobre todos todo el tiempo. Es como comer del árbol del conocimiento del bien y el mal. ¿Qué nos hace pensar que podemos ingerir infinitas cantidades de información sin filtro y no sentir el efecto? Y luego están aquellos que *publican* algo en las redes sociales y piensan que han *hecho* algo al respecto. Sin embargo, muchas veces es un simple "alardeo moral".

Hace medio siglo, un profesor de Comunicación llamado George Gerbner acuñó un término para describir un sesgo cognitivo: el síndrome del mundo cruel.[8] Si estás expuesto a un montón de contenido violento en la televisión, percibes el mundo más peligroso de lo que realmente es.[9] ¿Puedo contarte una buena noticia? No creo que la gente sea tan mala como se muestra en las redes sociales. Por supuesto, eso no justifica el *trolling*, el *baiting*, el *bullying* o cualquier postura para humillar a los demás. Si las redes sociales están teniendo un efecto negativo en tu vida, toma coraje y déjalas. O al menos, deja de seguir a aquellas personas o cuentas que alimenten la negatividad.

¿Puedo hacer una pregunta honesta? ¿Qué porcentaje de tus pensamientos, palabras y acciones son una regurgitación de lo que consumiste en las redes sociales? ¿Y qué porcentaje de tus pensamientos, palabras y acciones son revelación que estás obteniendo de la Palabra de Dios?

¿Recuerdas el viejo acrónimo GIGO? Basura entra, basura sale [por sus siglas en inglés, *Garbage In, Garbage Out*]. Tiene sentido común, pero seamos sinceros: la mayoría de nosotros actuamos como si fuéramos la excepción a la regla. Pensamos que podemos comer malísimamente y no sentirnos afectados. Creemos que podemos arreglárnoslas con cinco horas de sueño y funcionar a capacidad plena. Sentimos que podemos dejar nuestra Biblia en el estante y aun así oír la voz de Dios. Noticias de último momento: no eres la excepción. Eres lo que comes. Eres lo que lees. Eres lo que miras. Podría seguir, pero me detendré ahí.

Muy a menudo las redes sociales son antisociales, y han cambiado el tono de la cultura. Estamos más polarizados y más politizados por causa de ellas. La amabilidad parece una especie en extinción. La buena noticia es que el paisaje hace que tu *por favor* sea aún más poderoso.

Por favor es la manera en que nivelamos el campo de juego y encontramos terreno común.

Por favor es la manera en que mostramos respeto, incluso con aquellos con los que no estamos de acuerdo.

Por favor es la manera en que le devolvemos algo de cortesía a la escena pública.

No recuerdo la mayoría de los sueños que tengo, pero tuve uno hace unos años que es inolvidable. Fue muy corto. En mi sueño me encontraba mirando el juicio contra Jesús justo frente a mis ojos. Pilato sabía que Jesús era inocente de las acusaciones que se levantaban contra Él, pero tenía miedo de la opinión popular, así que trató de absolverse a sí mismo de toda culpa lavándose las manos. El problema con eso es el siguiente: la *inacción* es una acción, y la *indecisión* es una decisión. Fue un pecado de silencio. Mientras Pilato se lavaba las manos, escuché una voz que decía: "No te laves las manos como Pilato, lava los pies como Jesús", y luego me desperté…

Lavar los pies es el trabajo que estaba reservado para los sirvientes de más bajo rango, pero eso no le impidió a Jesús hacerlo. Él tomó la responsabilidad de hacer algo que no era su responsabilidad. Él ejerció su autoridad con responsabilidad, y esa es la genialidad de Jesús.

¿Cuántas discusiones terminaría?

¿Cuántos conflictos se resolverían?

¿Cuántas personas se reconciliarían?

Pilato hizo justo lo contrario. Se lavó las manos como una forma de decir: "No es mi responsabilidad". Por supuesto, esta renuncia de responsabilidad es tan vieja como el descargo de Caín: "¿Acaso soy yo el guardián de mi hermano?".[10]

"Pilato fue misericordioso hasta que estuvo en peligro", dijo C. S. Lewis.[11] Él sabía que Jesús era inocente, pero quería agradar a la gente. "Como quería satisfacer a la multitud, Pilato les soltó a Barrabás".[12]

Como excomplaciente en recuperación, ¿me permites compartir contigo algunas lecciones que aprendí?

Un insulto de un necio puede en realidad ser un cumplido; un cumplido de la boca de un necio en verdad puede ser un insulto. ¡Ten en cuenta la fuente! Pilato tenía miedo de molestar a los líderes religiosos y cedió a la etiqueta que era tendencia: #crucifíquenlo.[13]

¿Cuál es mi consejo? *Ofenderás a los fariseos!* Jesús lo hizo con regularidad e intencionalidad. Él podía haber sanado cualquier día de la semana, pero eligió el Sabbat. ¿Por qué? Para matar dos pájaros de un solo tiro: sanar al ciego y confrontar a los arrogantes fariseos, de paso.[14]

Hay un proverbio que por muchos años me causaba problemas porque me parecía contradictorio, pero la verdad se encuentra en la tensión entre los opuestos. "No respondas al necio según su necedad, o tú mismo pasarás por necio", dice Proverbios 26:4. Y el siguiente versículo sigue: "Respóndele al necio como se merece, para que no se tenga por sabio" (v. 5). Entonces, ¿en qué quedamos? ¿Responder o no responder? Odio ser yo quien lo diga, pero si estás lidiando con un necio, ¡es una situación perdida! Estás complicado si lo haces y si no lo haces también. Puedes agradar a algunas personas todo el tiempo, o a todas las personas algunas veces, ¡pero nunca puedes agradar a todos todo el tiempo!

No importa si tu nombre es Moisés y desciendes del monte Sinaí con dos tablas de piedra escritas con el dedo de Dios; aun así encontrarás resistencia. Es la dispersión de la curva de campana de la innovación. En un extremo de la curva de campana, el 16 % de las personas serán adoptadores tempranos. Los amamos porque ellos saltan al vagón y se incorporan sin hacer preguntas. En el otro extremo se halla el 16 % de las personas que llamamos rezagados.[15] Tienden a resistir los cambios y eso es frustrante para los líderes, pero he llegado a apreciar a los resistentes porque me ayudan a refinar la visión.

Si estás tratando con un rezagado, tendrás que decir *por favor* algunas veces más. Su inclinación natural es hacia el no, y no puedes contra ellos. Es la forma en que fueron creados. Eso no justifica el cinismo o el escepticismo, que son lindas palabras para decir "falta de fe". La obediencia que se demora es desobediencia, así que no estoy dando un pase libre para los cínicos que andan por ahí. Pero nuestro *por favor* se tiene que acomodar a la personalidad de aquellos a quienes les estamos pidiendo.

"No dejes que la flecha del pesimismo te atraviese a menos que primero pase por el filtro de la Escritura", dice Erwin McManus. Si pasa por ese filtro, tienes que arrepentirte. Nadie está más allá del bien o del mal. Si no pasa por el filtro, no permitas que una semilla de amargura haga raíz en tu espíritu. ¿Por qué somos tan rápidos para aceptar la crítica de personas de las que no aceptaríamos un consejo?

¿Mi recomendación? ¡Vive para el aplauso de las manos que han sido traspasadas por clavos! Si vives de los elogios, morirás por la crítica. Nueve de cada diez veces, la crítica es la salida más fácil. ¡Critica creando! Escribe un libro mejor. Produce una película mejor. Elabora una legislación mejor. Comienza un negocio mejor. ¿Cómo? Con la ayuda del Espíritu Santo.

¿A quién temes ofender? Si temes ofender a la gente, ofenderás a Dios. Si temes ofender a Dios, ofenderás a la gente. ¡No puedes tener las dos cosas!

¿Estás lavándote las manos? ¿O lavando pies?

Sabía Jesús que el Padre había puesto todas las cosas bajo su dominio, y que había salido de Dios y a él volvía; así que se levantó de la mesa, se quitó el manto y se ató una toalla a la cintura.[16]

Cuando reconoces que todo lo que tienes —tiempo, talento y tesoros— es un regalo de Dios, no tienes que presumir. Te libera para lavar los pies. ¿Por qué? Porque reconoces que todo es de Dios y para Él. El *por favor* no se limita a hacer valer su autoridad, sino que renuncia a sus derechos y asume la responsabilidad en lugar de echar la culpa. *Por favor* es ponerse una toalla alrededor de la cintura y comenzar a lavar pies.

Nuestro instinto natural es sacar ventaja, pero eso se convierte en el juego interminable de llevar siempre la delantera en todo. Hablando de sacar ventaja, la forma en que estrechas la mano puede decir más de ti de lo que crees. Ante todo, un firme sacudón de manos expresa curiosidad. Uno débil, ansiedad. ¿Qué te aconsejo? Entra con fuerza y, de paso, establece contacto visual. Pero hay una sutileza que es aún más significativa. Si das la mano con la palma hacia abajo, comunicas dominación. Si lo haces con las palmas hacia arriba, transmites sumisión. Puede que no te parezca la gran cosa, pero al igual que los pronombres en primera persona, habla mucho de ti.

Por favor es darle ventaja al otro. Es una postura de humildad. Es dejar de lado tus preferencias. Es darle derecho a réplica a los demás. *Por favor* es estrechar la mano con las palmas arriba. El mayor de todos es el que sirve a los demás, dijo Jesús.[17] Quizás, solo quizás, la persona con más poder debería ser la que más diga *por favor*.

¿Recuerdas a Saúl? Su inseguridad le hizo construirse monumentos a sí mismo. ¡Lavar los pies es justo lo contrario! Jesús tenía cero inseguridades. Sabía que su autoridad venía de Dios, y eso le permitía operar en un espíritu de humildad.

Jesús les dijo a sus discípulos que, en vez de reclamar el derecho de sentarse en el asiento de honor, tomaran el asiento menos importante. En otras palabras, estrecha la mano con la palma hacia arriba. Incluso si está en tu poder salirte con la tuya, di *por favor*. No des nada por sentado. ¿Por qué? Porque vives con el tiempo prestado. Respiras aire prestado. Incluso tu talento es un préstamo de Dios. El potencial es el regalo de Dios para ti; lo que haces con él es tu regalo para Dios.

Tenemos un dicho en la NCC: *llena los vacíos con suposiciones positivas*. Dicho de otra forma, dale a los demás el beneficio de la duda. ¿Funciona siempre? Claro que no. La gente te desilusionará. Pero hablando en términos generales, la gente supera o no alcanza nuestras expectativas. "Trata a un hombre como es y seguirá siendo lo que es. Trátalo como puede y debe ser y se convertirá en lo que pueda y deba ser", dijo Johann Wolfgang von Goethe. ¡Nadie era mejor para detectar el potencial de alguien que Jesús! En primer lugar, porque Él es quien se los otorgó.

¿Cómo tratas a la gente?

¿Les das algo a lo que puedan aspirar?

¿O les das algo para que se conformen?

Tenemos una perrita de raza *cockerpoo* [cruce de Cocker con Poodle] de trece libras llamada Nella, y es hermosa. No solo mueve la cola sino todo el cuerpo. Si salgo de la casa unos minutos, baila con todo su cuerpo como si no me hubiera visto en semanas. ¿Sabes qué? Esa perra me tiene enloquecido. Me saluda con un amor tan genuino, que es imposible no amarla. Tú no tienes que echarte al suelo ni mover la cola cuando te encuentras con gente, pero puedes aprender una o dos cosas del mejor amigo del hombre.

"El que sabe hacer el bien y no lo hace, comete pecado".[18] Más específicamente, comete un pecado de omisión. ¡Y aquí no hay vueltas! Deja de lavarte las manos y hacer de cuenta que es el problema de los demás. Comienza a lavar los pies y mira si las puertas no se mueven como un "ábrete sésamo". *Por favor* no es complacer a la gente. Se necesita una tonelada de coraje para agarrar una toalla y lavar pies, pero cuando lo haces, tu por favor tiene más repercusión.

¿Estás lavándote las manos de la responsabilidad?

¿O estás asumiendo la responsabilidad y lavando los pies?

5

Las palabras importan

Cuidar las palabras es un asunto moral.
—Marilyn McEntyre,
Cuidar las palabras en una cultura de mentiras

El Dr. Paul Tournier, psiquiatra y terapeuta suizo,
cuenta que una paciente padecía un sentido crónico de desmerecimiento, un sentido agudo de vacío interior. Durante la sesión, la mujer relató un incidente de su niñez, cuando escuchó a su madre diciéndole a su padre: "¡Podríamos haber prescindido de ella!".[1] Esa frase seguía como una herida abierta décadas más tarde. Fueron más que simples palabras descuidadas: fueron una maldición.

Todos tenemos guiones que nos hacen sentir humillados: nadie me quiere, no soy digno, me rechazan. Una bendición puede cambiar el guion por completo. Recuerda: nuestras palabras crean mundos. ¡Una palabra profética puede reescribir una narrativa completa! Sea como sea, nuestras palabras tienen un efecto dominó.

En su discurso en el Salón de la Fama, Brett Favre contó una historia que nunca había revelado en público. En la escuela secundaria, el padre de Brett era también su entrenador de fútbol.

Luego de un partido en que Brett no había jugado muy bien, se sentó afuera de la oficina de su padre y escuchó a su padre hablando con otros entrenadores: "Puedo asegurarles una sola cosa acerca de mi hijo: él jugará mejor. Se redimirá. Yo conozco a mi hijo, y tiene capacidad".

Creo que es justo decir que Brett jugó mejor y llegó hasta el Hall de la Fama. "Nunca olvidé esa declaración. Pasé el resto de mi carrera tratando de redimirme", dijo.[2] Todos necesitamos a alguien que crea en nosotros más de lo que nosotros creemos. Para Brett, fue un padre que no se dio por vencido.

Para bien o para mal, nuestras palabras son profecías auto-cumplidas. ¿Le estás dando a la gente algo por lo que esforzarse o simplemente algo con lo que conformarse? ¿Tus palabras dan vida? ¿O le quitan la vida a los demás? ¿Tus palabras alientan o desaniman?

No sé en qué trabajas, pero tú, mi amigo, eres un profeta. Tus palabras importan. Ellas cargan un peso. Tienes el poder de hablar vida o muerte. ¿Puedo atreverme a agregarle un guion a tu ocupación? Sin importar lo que hagas, eres un doctor-profeta, un maestro-profeta, un barista-profeta, un conductor de Uber-profeta. Lo mismo es cierto respecto de los padres. La oración transforma a unos padres comunes y corrientes en profetas que cambian el destino de sus hijos. ¿Recuerdas el pastor que habló proféticamente sobre mi vida? Esa fue la primera y la última vez que lo vi, pero cambió la trayectoria de mi vida con ocho palabras: "Dios te va a usar en gran manera".

En hebreo, el término *lashon hara* denota un discurso despectivo que daña a la otra persona. Estaba expresamente prohibido hablar o escuchar dicho lenguaje. La primera instancia de *lashon hara* es la serpiente que calumnia la bondad de Dios en el jardín del Edén. Los espías que traen un reporte negativo sobre la tierra prometida son *lashon hara*. Pronuncian palabras contra Dios, y toda una nación pierde la esperanza. ¡Su negativismo le cuesta una generación entera!

¿Puedo confesarte algo? Yo soy mejor para quejarme que para confrontar. Es mucho más fácil, ¿no es verdad? Está bien verbalizar nuestros sentimientos, pero hay una línea delgada entre procesar y murmurar. Si cruzas esa línea, es *lashon hara*.

Cuando los israelitas peregrinaban por el desierto, Aarón y María estaban frustrados con Moisés. "María y Aarón empezaron a hablar mal de Moisés".[3] Dice que Dios los oyó y María terminó leprosa. ¿Fue algo psicosomático? No lo sé. Pero si nuestras palabras crean mundos, entonces nuestras realidades externas son afectadas por nuestras actitudes internas. El pueblo judío no tenía permitido hablar *lashon hara*; tampoco podían escucharlo. ¿Por qué? Porque las palabras tienen un poder increíble.

Hay una historia en el Talmud sobre una mujer que visita a un rabino y confiesa haber esparcido falsos rumores acerca de otra persona. El rabino le encargó dos tareas. La primera era tomar una almohada de plumas y poner una a cada puerta de cada hogar en la aldea. Ella regresó al rabino diciendo: "¿Cuál es la segunda tarea?". El religioso le contestó: "Ahora ve y recógelas", a lo que la mujer le respondió: "Rabino, eso es imposible. El viento las ha dispersado y llevado lejos". "Claro que sí", contestó el rabino. "Recoger esas plumas es una tarea imposible como retirar todas las palabras duras que pronunciaste. Harás bien en recordarlo antes de volver a hablar en el futuro".

No es preciso aclarar que hay otras cosas que no deberías decir. Cuando Dios llama a Jeremías como profeta, él objeta: "¡Ah, Señor mi Dios! ¡Soy muy joven, y no sé hablar!".[4] Si estás buscando una excusa, siempre la encontrarás. Nunca tendrás suficiente de *esto*. Siempre serás demasiado de *aquello*. Dios no llama a los calificados; califica a los llamados.

Dios le dio a Jeremías una "orden mordaza": "No digas: 'Soy muy joven'".[5] ¿Por qué? Porque al hacerlo estaba reforzando la narrativa equivocada. Estaba hablando palabras contrarias al plan y propósito de Dios, lo cual era *lashon hara*. "Vas a ir adondequiera que yo te envíe, y vas a decir todo lo que yo te ordene".[6]

La frase "mi boca es mi lazo" se remonta a Shakespeare en *El mercader de Venecia*, pero la idea en realidad llega más lejos que eso. "Cuando ustedes digan 'sí', que sea realmente sí; y, cuando digan 'no', que sea no".[7] En otros términos, di lo que piensas y piensa lo que dices. A veces derrochamos palabras, ¿no es cierto? O peor aún, no creemos en lo que decimos. Hay un alto valor, un gran estándar, en nuestras palabras. "Porque por tus palabras se te absolverá, y por tus palabras se te condenará".[8]

Francis Schaeffer una vez observó que, si nos obligaran a usar una grabadora de voz colgando de nuestro cuello que capturara todas nuestras conversaciones, y estas fueran hechas públicas para que todo el mundo las escuchara, todos nos esconderíamos por el resto de nuestra vida.[9]

Todos hemos dicho cosas que lamentamos, pero darnos con un palo no va a hacer que la cosa mejore. En cambio, te recomiendo una honesta evaluación de tus palabras. ¿Qué dice tu expediente acerca de ti? ¿Hay alguna palabra que necesita ser eliminada de tu vocabulario? ¿Alguna postura corporal que tiene que cambiar? ¿Qué hay acerca de tu tono? ¡Un pequeño cambio puede alterar la trayectoria de tu vida!

¿Recuerdas la confesión que hice en la introducción? Estaba empleando palabras negativas con mucha frecuencia y estaban operando como profecías autocumplidas. Estaba cometiendo *lashon hara* contra mí mismo. Si luchas contra narrativas contra-producentes, date una orden mordaza a ti mismo.

No permitan que un leguaje sucio o contaminado, ninguna palabra mala ni impura o indigna, salga de sus bocas, sino solo una conversación que sea buena y provechosa para el progreso espiritual de los demás, acorde a la necesidad y ocasión, que sea de bendición y añada gracia a los que la escuchan.[10]

Es tiempo de hacer un inventario.

¿Tus palabras reconcilian o dividen?

¿Tus palabras animan o desaniman?

¿Tus palabras sanan o hieren?

¿Tus palabras bendicen o maldicen?

Algunas de las palabras más tristes de toda la Biblia le pertenecen a Esaú, después de que Jacob le robó la bendición. "¿Acaso tienes una sola bendición, padre mío?".[11] Esaú era un hombre hecho y derecho. Su nombre literalmente significaba "velludo", y probablemente se afeitaba dos veces al día. No parecía ser del tipo sentimental, pero ese día lloró a viva voz. "Oh padre mío, ¡bendíceme también a mí!".[12]

La bendición es el anhelo más profundo del corazón del hombre. ¿Por qué? Porque es nuestra memoria colectiva más antigua. Lo primero que Dios hizo luego de crear a la humanidad a su imagen fue bendecirla. "Luego Dios los bendijo".[13] La bendición original antecede al pecado original, y esa secuencia no es algo trivial. Establece el tono. La configuración de Dios por defecto es la bendición. Ella es su instinto más primitivo. Es quien Dios es. Es lo que hace.

"Lo que viene a tu mente cuando piensas en Dios es el rasgo más importante acerca de ti", dijo A. W. Tozer.[14] ¿Qué te viene a la mente? ¿Cuál es la postura de Dios hacia ti? ¿Qué expresión tiene en su rostro? ¿Cuál es el tono de su voz cuando habla?

En el principio, Dios nos creó a su imagen. Lamentablemente, nosotros hemos estado creando a Dios a la nuestra desde ese entonces. A eso se le llama antropomorfismo. Cuando proyectamos nuestras predisposiciones y prejuicios, inclinaciones e imperfecciones sobre Dios, el resultado es un dios que luce como nosotros. Es una imagen artificial, un ídolo falso.

Si Dios tiene el ceño fruncido, creo que estás proyectando en Él tu frustración. Si tiene arrugas en sus ojos porque está sonriendo, si extiende sus brazos abiertos hacia ti, pienso que estás acercándote bastante a la Verdad. Si pudiéramos oír mejor, escucharíamos al Padre celestial cantando y regocijándose sobre nosotros.[15] Si tuviéramos mejor oído lo escucharíamos decir: "Este es mi Hijo amado; estoy muy complacido con él".[16] Por cierto, eso va para las hijas también.

Por favor es una postura, primero y principal. No da nada por sentado. No tiene tufillo a mérito. Les otorga un gran valor a los demás. Crea una cultura de honra, de respeto. En vez de ojo por ojo, el *por favor* transmite paz.

Cuando entren en el hogar, bendíganlo. Si resulta ser un hogar digno, dejen que su bendición siga allí; si no lo es, retiren la bendición.[17]

Esas son las instrucciones que Jesús les da a los discípulos cuando los envía en su misión inaugural y, una vez más, la secuencia tiene un significado. La mayoría de nosotros operamos a la inversa. Antes de darle a alguien nuestra bendición, hacemos un rápido cálculo moral. Tratamos de deducir si alguien se merece la bendición *antes* de dársela. ¿No es así? Jesús hace todo lo contrario. Lidera con la bendición y nos llama a imitarlo. ¿Y qué sucede si no funciona? ¡Lo bendecimos más todavía! ¿Por qué? ¡Porque es la manera de Jesús!

En las ciencias informáticas la configuración por defecto de una aplicación se refiere a la que le fue automáticamente asignada. Como seguidores de Jesús, el Sermón del Monte es nuestro sistema operativo, ¡y la bendición es nuestra configuración por defecto! Somos llamados a amar a nuestros enemigos, orar por los que nos persiguen, bendecir a los que nos maldicen. Ponemos la otra mejilla, hacemos la milla extra y dejamos la camisa y también la capa.

¿Qué tiene que ver esto con el *por favor*? ¡Más de lo que podemos ver a primera vista! No lideramos por medio de nuestras opiniones o nuestros planes. Ni siquiera lideramos desde el *yo*. *Por favor* es poner a los demás primero. Nuestro objetivo es agregarles valor a los otros, y eso comienza con la bendición original.

Por favor es dejar tu ego en la puerta.

Por favor es llenar los espacios con suposiciones positivas.

Por favor es atrapar a las personas haciendo las cosas bien.

Por favor es alabar a las personas a sus espaldas.

Por favor es amar a todos siempre.[18]

El término hebreo para bendición es *barak*, y significa: "hablar palabras de excelencia sobre algo". ¿Recuerdas a la mujer que rompió el vaso de alabastro con perfume y ungió a Jesús? Los líderes religiosos la reprendieron a ella y a Jesús. "Si este hombre fuera profeta, sabría quién es la que lo está tocando, y qué clase de mujer es: una pecadora".[19] Los líderes religiosos siempre estaban descalificando a las personas. ¿Por qué? Porque se enfocaban en lo equivocado. Todo lo que veían presentaba problemas. Un verdadero profeta ve potencial donde otros ven problemas, y nadie era mejor en esto que Jesús. El Señor contrarresta su crítica con unas palabras que transmiten vida y alteran el curso de la historia: "Les aseguro que en cualquier parte del mundo donde se predique este evangelio, se contará también, en memoria de esta mujer, lo que ella hizo".[20] ¿Puedes imaginarte cómo esas palabras levantaron su espíritu por el resto de su vida? Esa es la clase de palabras que uno quiere tener grabadas en su tumba. Jesús la bendijo con palabras proféticas y se cumplen una vez más cada vez que las lees.

¿Puedo hacerte una pregunta? ¿Cuál es la voz que más resuena en tu vida? ¿Es tu crítico interior? ¿Es la voz cínica de la cultura? ¿La voz condenatoria del enemigo? ¿O es la suave y dulce voz del Espíritu Santo?

Te convertirás en aquello que escuchas. Según Laurie Beth Jones, el 40 % de nuestras vidas se basan en profecías personales.[21] Somos profundamente moldeados, para bien o para mal, por lo que se dice acerca de nosotros. ¿Por qué no darle a Dios la última palabra? Y ya que estamos en eso… ¿por qué no darle la primera palabra también?

¿Sabes por qué hago un plan diario de lectura? Porque necesito ser enseñado por las promesas de Dios. Necesito ser cimentado en la buena, agradable y perfecta voluntad de Dios. Esa es una forma de sobrescribir la narrativa negativa que se propaga por las redes sociales y los medios de comunicación.

Tengo un amigo que, de la nada, comenzó a tener ataques de pánico. Nunca había experimentado algo así, entonces no estaba seguro de lo que tenía que hacer. Ahí fue cuando encontró el libro de Randy Frazee, *His Mighty Strenght* [Su poderosa fuerza]. En el libro, Frazee cuenta la historia de un ataque de pánico muy similar que había experimentado hacía unas décadas atrás. Había quedado paralizado por una súbita ansiedad irracional de que algo malo les ocurriría a sus hijos. La cura fue una cinta de casete que le entregó su terapeuta. Frazee comenzó a escuchar la Biblia en audio, cuarenta minutos cada día, y eso le ayudó a vencer la ansiedad. "Los psicoterapeutas lo llaman 'programación neurolingüística'", le dijo su consejero, "pero yo lo llamo meditación bíblica".[22] El salmista lo dice de este modo: "En mi corazón atesoro tus dichos para no pecar contra ti".[23]

Si tu psicología necesita algún ajuste, los Salmos son una prescripción bastante buena. Una dieta regular de la Palabra de Dios reescribirá las narrativas negativas que sabotean tu éxito. Después de leer el libro de Randy, mi amigo hizo algo similar. Le pidió a su madre y su padre, que tienen unos setenta años, que se grabaran leyendo las Escrituras. Ahora escucha esas grabaciones cuando intenta dormir. Mi amigo tiene unos cuarenta años, pero uno nunca es demasiado viejo para unas historias bíblicas contadas por los padres a la hora de ir a la cama.

Todo lo que Dios ha creado es bueno, y nada es despreciable si se recibe con acción de gracias, porque la palabra de Dios y la oración lo santifican.[24]

Nos consagramos mediante dos cosas: la Palabra de Dios y la oración. La oración tiene una manera de purificar nuestras motivaciones y santificar nuestras expectativas como ninguna otra cosa. Ora antes de decir sí (y eso incluye el *por favor*). Pocas cosas son tan poderosas como un *por favor* impregnado de oración.

Cuanto más grande sea lo que has de pedir, más tendrás que orar. Eso producirá en ti una humildad valiente o una valentía humilde, ¡elige la que quieras! Tu *por favor* tendrá gran repercusión, porque ha sido sometido a Dios.

En el mismo sentido, la Palabra de Dios tiene un efecto en

nosotros que nos lleva a consagrarnos. ¿Por qué? Porque es viva y activa. Uno no solo lee la Biblia: ella te lee a ti. Penetra hasta el alma. Revela las actitudes del corazón.[25]

Toda la Escritura es inspirada por Dios y útil para enseñar, para reprender, para corregir y para instruir en la justicia.[26]

El Espíritu Santo está a ambos lados de la ecuación. Inspiró a los escritores originales, pero también nos despierta como lectores. ¡Es casi como si estuviéramos inhalando lo que el Espíritu Santo ha exhalado hace miles de años atrás!

Yo he leído miles de libros, pero la Biblia es una categoría en sí misma. Dios está atento a que su Palabra se cumpla.[27] Ella no vuelve vacía.[28] Yo tengo un señalador en mi Biblia que dice: "Todo lo que me aleja de mi Biblia es mi enemigo, sin importar lo inofensivo que parezca".

Hay algunas cosas que no deberías decir y otras que sí. La fe viene por el oír, y oír la Palabra de Dios.[29] Hay poder en la palabra hablada, especialmente en una declaración de fe.

Si confiesas con tu boca que Jesús es el Señor y crees en tu corazón que Dios lo levantó de entre los muertos, serás salvo. Porque con el corazón se cree para ser justificado, pero con la boca se confiesa para ser salvo.[30]

¿Has confesado tus pecados?

¿Has hecho una declaración de fe?

¿Por qué no hacerla aquí mismo, ahora mismo?

Parte 2

LA CIENCIA
DEL *PERDÓN*

En 2002, Daniel Kahneman recibió el Premio Nobel por su revolucionario trabajo en el campo de la economía conductual. En su carta de aceptación dirigida al comité del Nobel, describió un momento preciso que inspiró su obra. En 1942, la familia Kahneman estaba viviendo en Francia, en la zona ocupada por los alemanes. Por ser judíos estaban obligados a usar la estrella amarilla de David en la ropa. Tenía ocho años cuando el estigma de esa estrella le ocasionó sentimientos de temor. Danny caminaba hacia la escuela media hora más temprano, para que los otros alumnos no lo vieran.

Una noche estaba fuera de casa después del horario del toque de queda y se topó con un soldado alemán de las SS. Estaba asustado por lo que el soldado le haría, así que evitó el contacto visual, pero el uniformado lo detuvo. Luego hizo algo que Kahneman no pudo entender, algo que cambiaría el rumbo de su vida. El soldado abrió su billetera, le mostró una fotografía de su hijo y le dio dinero.

"Siempre hay un momento en la niñez cuando se abre la puerta y da paso al futuro", dijo el dramaturgo inglés Graham Greene.[1] Ese fue esa clase de momento para Daniel Kahneman. En la carta al comité del Nobel escribió: "Me fui a casa más seguro que nunca de que mi madre tenía razón: la gente es infinitamente compleja e interesante".[2]

¿Cómo ves a las personas?

Si las ves como aburridas y desabridas, las maltratarás. Las menospreciarás y les restarás valor. Las usarás y abusarás. Las verás como un peldaño en tu escalera, como un medio para lograr un fin, y te resultará difícil perdonar y buscar perdón.

Si ves a las personas como infinitamente complejas e interesantes, las honrarás como sumamente valiosas e irremplazables. Por supuesto, tendrás que mirar más allá de la primera impresión y cultivar una curiosidad santa, de esa que hace muchas preguntas.

¿Sabías que el niño promedio hace unas ciento veinticinco preguntas por día? El adulto promedio hace solo seis. En alguna parte entre la niñez y la adultez perdimos ciento diecinueve preguntas al día.[3] Adopta una postura de aprendizaje hacia todos los que conoces. "Cada persona que conozco es mi superior en un sentido. Así es como aprendo de ellos", dijo Ralph Waldo Emerson.[4] Nunca conoces a alguien de quien no puedas aprender algo. Pero tienes que escuchar más de lo que hablas si quieres recoger sabiduría, lo cual es más fácil decirlo que hacerlo.

La persona promedio pasa alrededor del 95 % de su tiempo pensando en sí misma.[5] Eso nos deja con solo el 5 % de nuestro tiempo y atención para enfocarnos en los demás. ¿Podríamos al menos duplicar esa cantidad? ¿Qué sucedería si dedicáramos el 10 % de nuestro tiempo a pensar en cuidar y aprender de los demás? El tiempo es tan difícil de diezmar como el dinero, pero si lo duplicamos en otros, ¡creo que seremos el doble de felices! Así también, magnificar al Señor a través de la meditación. De cualquier modo, la felicidad es lo contrario al egocentrismo.

Cuando nos concentramos en nosotros mismos, nuestros problemas se magnifican. Una de las mejores maneras de solucionar tus problemas es sirviendo al prójimo. Eso puede sonar a correlación sin causalidad, pero servir a los demás pone tus problemas en perspectiva. "Ningún hombre puede tratar de ayudar a otro sinceramente sin ayudarse a sí mismo", dijo Emerson.[6]

Por casi dos décadas nuestra familia ha preparado viandas para nuestros amigos que están sin techo. Es una pequeña muestra de amor, pero Jesús dijo que darle a alguien un vaso de agua en su nombre es importante.[7] Lo hacemos para ayudar a nuestros amigos, pero nos sentimos como los primeros beneficiados. Ocuparte de los demás pone tus problemas en perspectiva. Te recuerda insistentemente que, si tienes un techo sobre tu cabeza y comida en tu mesa, estás bendecido.

Hay un fenómeno llamado "ilusión de entendimiento asimétrico". Es un sesgo cognitivo en el que percibimos que conocemos más a los demás que ellos mismos. Analizamos a las personas. Juzgamos al libro por su cubierta. Tengo un amigo llamado Scooby que pasó muchos años viviendo en las calles de Washington D.C. "Tomamos una cosa sola y la convertimos en el todo", dice Scooby. ¿No es cierto? Es mucho más fácil emitir opiniones sobre la gente que tener empatía por ellos.

Esta es la conclusión: *cada persona está peleando una batalla de la que tú no sabes nada.* Cuando alguien dice o hace algo que me lastima, trato de recordarlo. La gente herida, hiere. Eso no es una excusa para el maltrato, pero lo pone en perspectiva. Y me ayuda a hacer lo que Jesús hizo: "Padre, perdónalos porque no saben lo que hacen".[8]

En el año 2021 una artista llamada Suzanne Firstenberg y su equipo recibieron el encargo de hacer una instalación artística en el National Mall. Plantaron 695,000 banderas blancas en miniatura alrededor del Monumento a Washington para

conmemorar a las víctimas del COVID-19. Un fotógrafo llamado Stephen Wilkes capturó una imagen de la instalación,
pero no es una foto ordinaria. En realidad, son 4,482 capturas
que Wilkes pegó digitalmente. Es parte de una serie llamada
Proyecto "Day to Night" [Del día a la noche]. Si no lo has
visto, vale la pena googlearlo.

Stephen Wilkes encuentra un punto panorámico desde el
cual fotografiar. Tiene que ser lo suficientemente alto como
para lograr una vista aérea. Tiene que ser lo suficientemente bajo para captar el lenguaje corporal y la emoción. Wilkes
instaló un asiento de cuarenta y cinco pies que podía captar
la escala épica de la instalación de veinte acres. Quería que el
Museo Nacional de Historia y Cultura Afroamericana fuera un
punto focal para que se viera el sol saliendo sobre él. Además
de capturar la imagen central con la técnica *time lapse*, también
captura —en sus propias palabras— "pequeños momentos,
pequeñas anécdotas". El resultado total es una fotografía compuesta que arroja una imagen panorámica.[9]

Cuando conoces a alguien, es como ver una instantánea. Si
no eres cuidadoso, juzgarás al libro por su cubierta. El *perdón*
se parece más a una fotografía compuesta; captura los matices
de los pequeños detalles, pero además toma en cuenta el contexto de la imagen completa.

¿Cuál es mi punto? Cada persona que encuentras es un compuesto. Una combinación compleja de mecanismos de defensa
y estrategias de adaptación. ¿Cuál es la estrategia más común?
Un cincuenta y cincuenta entre pelear o huir. O nos retiramos
o atacamos. Pero hay una manera mejor, la manera de Jesús, y
comienza pidiendo perdón. Cada disculpa comienza con empatía. Es un corazón que se rompe por las mismas cosas que
rompen el corazón de Dios.

"Tres cuartas partes de las personas que conocerás están hambrientas y sedientas de compasión. Dásela y te amarán", dijo Dale Carnegie.[10] La gente quiere sentirse vista, oída y comprendida.

Un estudio fascinante sugiere que los que leen ficción tienden menos a ser racistas.[11] ¿Por qué? La teoría dice que los que leen ficción son mejores a la hora de ponerse en los zapatos de los demás. Después de todo, eso es lo que haces cuando lees una novela, ¿no? La ficción incrementa nuestra empatía por los demás, así como también la imaginación. Lo mismo sucede cuando escuchas a alguien contando su historia.

Un día, mientras combatía en la Guerra Civil Española, George Orwell tuvo un encuentro inesperado con un soldado enemigo. El afamado escritor inglés había ido para pelear contra el racismo, pero cuando el soldado enemigo cruzó el campo de batalla corriendo, sosteniéndose los pantalones caídos, Orwell se negó a apuntarle. ¿Por qué? "No le disparé en parte por el detalle de los pantalones", reflexionó más tarde Orwell. "Había venido aquí para matar fascistas; pero un hombre que se sostiene los pantalones no es un 'fascista', es visiblemente una criatura, similar a ti o a mí, y no sientes ganas de matarlo".[12]

En su libro *Humanity*, Jonathan Glover se refiere a estos momentos como "avances de compasión".[13] Incluso en el contexto de la guerra, hay actos de compasión que exceden el conflicto. La mayoría de esos avances se desencadenan por el contacto visual. Ese contacto suaviza el combate mano a mano, restaurando la conexión de corazón a corazón. Eso es lo que un simple *perdón* puede lograr, con palabras o con lágrimas. Puede romper el dique de la falta de perdón.

Insisto en que "la gente herida, hiere" proyectando su dolor. En vez de confesar su pecado, lo reprimen. La represión es como tratar de sostener una pelota playera bien inflada debajo del agua. Esos sentimientos reprimidos salen a la superficie tarde o temprano, y generalmente lo hacen en el momento más inoportuno. La confesión deja salir el aire de nuestras emociones. Tenemos que dejar nuestras preocupaciones en las manos de Dios. La confesión nos permite dejar salir esas emociones. Es soltar y dejar que Dios nos perdone. Y, luego, corresponder el favor perdonando a otros.

¿Cuál es la enseñanza? La gente perdonada perdona, setenta veces siete.[14] Así es como devolvemos el favor del perdón. Le mostramos la increíble gracia de Dios a otros. Y perdonar a los demás nos libera. "Cuando perdonamos", dijo Lewis Smedes, "dejamos en libertad al prisionero, y luego descubrimos que ese prisionero éramos nosotros".[15]

Sin empatía, nuestras disculpas están vacías. Decir "lo siento" sin sentirlo, envía señales contradictorias. ¿Estás o no estás apenado? ¡Tienes que apropiarte de la disculpa!

Hubo un tiempo en mi vida y ministerio en que yo estaba tan presionado por mis responsabilidades pastorales que algunas prioridades se desacomodaron. Me avergüenza admitirlo, pero estaba tan ocupado que no quería que los problemas familiares me causaran molestia. Eso originó una herida profunda en Lora. Durante un día de oración, muchos años después, el Espíritu Santo sacó a la luz ese momento, ese recuerdo. Con lágrimas en los ojos, Lora me dijo: "Te perdono". Ella necesitaba decirlo y yo necesitaba escucharlo. Eso no cambia los errores que cometí, pero trajo una tremenda sanidad. Y, agregaría, la nueva determinación de estar plenamente presente.

6

Intenta con lágrimas

Cuando dejas de darte importancia,
la vida es más simple y menos estresante.
—TOM RATH, *It's Not About You*

En 1543, el polímata Nicolás Copérnico introdujo un modelo astronómico que identificó el sol como el centro de nuestro sistema solar. Hasta ese momento la suposición generalizada era que todo giraba en torno a la Tierra. Esa cosmología heliocéntrica puso al mundo de patas para arriba. Todos necesitamos eso que llamaré "una revolución copernicana". ¿Por qué? Poque estamos demasiado centrados en nosotros mismos.

Cuando éramos bebés, nuestros padres nos alimentaban, nos hacían eructar y luego nos cambiaban los pañales. El mundo giraba alrededor de nosotros, ¿no es verdad? Y eso está bien al principio. Si todavía sigue girando en torno a ti cuando tienes diecisiete, treinta y siete o setenta y siete años, necesitas una revolución copernicana. Noticia: todo no se trata de ti. Cuanto antes descubras ese hecho, más feliz, sano y santo serás.

El matrimonio es una manera de las más eficaces para combatir nuestro egocentrismo innato. Su propósito no es solo la felicidad, sino la santidad. El matrimonio es un compromiso incondicional con una persona imperfecta. Prometen amarse en buenos y malos tiempos, en riqueza y en pobreza, en salud y en enfermedad. Cambian los pronombres *yo* por *nosotros*.

Si el matrimonio no desarma nuestro egoísmo, Dios nos manda hijos a algunos de nosotros. Cuando tienes hijos comienzas a apreciar a tus padres, ¿cierto? Ellos hicieron más sacrificios de los que tú eras consciente, como, por ejemplo, alimentarte en medio de la noche.

¿Qué tiene que ver todo esto con el *perdón*?

El matrimonio es una clase magistral sobre el arte de disculparse. Más vale que seas bueno en esto porque estarás haciéndolo por el resto de tu matrimonio. Lo mismo aplica para la paternidad. Tendrás incontables oportunidades donde pedirles disculpas a tus hijos, y eso puede ser una bendición disfrazada. Nos castigamos por lo errores que cometemos, pero nuestros mayores defectos pueden convertirse en nuestras mayores oportunidades. ¿Cómo aprenderán a disculparse nuestros hijos si nosotros no fuimos modelos para ellos?

Si eres egocéntrico verás a los demás como obstáculos que superar o inconvenientes que soportar. Los usarás como un medio para un fin. Hablando en términos históricos, tenemos el mal hábito de cosificar a las personas y personificar a las cosas.

¿Recuerdas el estudio de la parte 1, "La psicología del *por favor*"? Cuando los niveles de testosterona aumentan, el uso de pronombres sociales —nosotros, nuestro, ellos, sus— disminuye. ¿Por qué? Porque nos volvemos más orientados a las tareas y menos orientados a las relaciones. En vez de una mentalidad ganar-ganar convertimos todo en una competencia. Esto es un juego de suma cero, donde nadie gana al final.

¿Te puedo decir un secreto? La gente egoísta no pide disculpas. ¿Por qué? Porque no han aprendido a ponerse en los zapatos de los demás. En vez de lavar los pies como Jesús, se lavan las manos como Pilato. Rechazan la responsabilidad. Transfieren la culpa. Se hacen las víctimas y toman el papel de Dios.

Además del egocentrismo, sufrimos de complejos. En mi opinión, una autoconciencia insana es el resultado de la maldición. Antes de la caída, Adán y Eva estaban desnudos y no tenían vergüenza. Después del pecado original, se enredaron tanto en su propia conciencia que se escondieron de Dios y del otro. ¡Y desde entonces hemos estado jugando a las escondidas! Parte del proceso de santificación es vencer nuestros complejos y timidez. ¿Cómo lo hacemos? Siendo más conscientes de la persona de Dios y de los otros.

Permíteme regresar a Daniel Kahneman. ¿Recuerdas la lección que le enseñó su madre? "Las personas son infinitamente complejas e interesantes". Lo que ves *no* es lo que hay. Así que, deja de juzgar al libro por la cubierta. Hay que seguir repitiéndose: *cada persona está peleando una batalla de que la que no sabemos nada*. Sacamos conclusiones muy apresuradas (especialmente conclusiones negativas). Si alguien nos dice algo que no nos gusta, lo tachamos. No estoy justificando el mal comportamiento, ¿pero es posible que haya tenido un mal día?

Me gusta pensar en la gente como un rompecabezas de 28,124 piezas. Esa es la duración promedio en días de la existencia de una persona.[1] Cada uno de nosotros somos una combinación única de experiencias e influencias. En palabras de Morrie Schwartz, "Tengo todas las edades, hasta la mía".[2]

¿Cuál es tu recuerdo más temprano?

¿Quién dejó sus huellas digitales en tu alma?

¿Hubo algún momento en tu niñez en donde se abrió la puerta y pasó el futuro?

¿Cuál es tu mayor remordimiento?

¿Y cuál tu mayor logro?

¿Cuáles son los momentos decisivos en tu vida?

¿Y las decisiones?

Tus respuestas a estas preguntas son diferentes a las de todos los demás, y eso es solo la punta del iceberg. Es tu historia singular la que te diferencia de todos los demás seres del planeta. Si tomáramos el tiempo para escuchar la historia de cada uno, nos llenaríamos mucho más de compasión por los demás. Incluso podríamos ver el potencial oculto.

Cada uno de nosotros es una combinación compleja de estrategias adaptativas. La mayoría tendemos hacia una u otra estrategia: agresión o regresión. O nos retiramos o atacamos. Pero hay una manera mejor: la manera de Jesús. Y empieza con un *perdón*. Puede sonar como levantar una bandera blanca, pero es justo lo contrario. Es salir de nuestra trinchera y caminar hacia la línea de fuego. ¡Pocas cosas requieren tanta valentía como decir "perdón"!

Perdón es una palabra *nosotros*. Repara las vallas rotas. Construye puentes que unen las rupturas en las relaciones y nivela el campo de juego. Pero esta palabra tiene que pasar una doble prueba de fuego: tiene que ser específica y tiene que ser sincera.

¿Alguna vez intentaste ponerle fin a una discusión diciendo *perdón*, pero no tenías idea de qué disculparte? ¡Yo también! Ocasionalmente, Lora desarticula mi engaño preguntándome por qué cosa me disculpo. Y a veces, sinceramente, no tengo la menor idea. Solo quiero acabar con la discusión. Digamos la verdad, esa es una disculpa vacía. ¿Por qué? Si no sabes de qué disculparte lo volverás a hacer. No aprueba el examen de la especificidad.

Señor, perdóname por todo lo que hice mal este mes.

¿Puede hacer eso Dios? Claro que sí, pero es una disculpa a medias. No te sorprendas si no te sientes perdonado. Una confesión vaga puede dar como resultado un sentimiento vago de perdón.

Hace muchos años me invitaron a una reunión de líderes en Wittemberg, Alemania. Eso es donde un sacerdote llamado Martín Lutero clavó las noventa y cinco tesis en las puertas de la catedral. Cuando iba de camino, leí una biografía de Lutero y noté que él algunas veces pasaba seis horas en confesión. ¡Yo no puedo recordar haber pasado más de seis minutos!

> Todo pecado, para ser absuelto, debe ser confesado. Por lo tanto, el alma debe ser escudriñada; la memoria, revisada cuidadosamente; y las motivaciones, probadas.[3]

No estoy sugiriendo que tenemos que obsesionarnos con cada error que cometemos, pero podríamos permitirnos hacer un poco más de búsqueda, de rastreo y de sondeo. Así como una confesión nebulosa dará lugar a un sentimiento nebuloso de perdón, una confesión matizada dará lugar a un sentimiento matizado de perdón. Si no llegas a la raíz del problema, estarás confesando los mismos síntomas una y otra vez.

El autor de Lamentaciones dijo que "las misericordias de Dios son nuevas cada mañana".[4] La palabra hebrea para nueva es *hadas*. Eso no solo significa "nueva" sino también "una y otra vez", lo cual sería algo increíble en sí mismo, nuevo en cuanto a "distinto". Significa "nunca antes experimentado". ¡La misericordia de hoy es diferente a la de ayer! Al igual que un copo de nieve, la misericordia de Dios nunca se cristaliza dos veces del mismo modo. Cada acto de su misericordia es absolutamente único y singular.

Imagina una vieja ciudad europea con callecitas angostas y fachadas tan antiguas como la ciudad misma. Una de esas fachadas envejecidas tiene un letrero sobre la puerta: Tienda de la Misericordia. No hay cerradura en la puerta porque nunca cierra. No hay caja registradora porque es gratuita. Cuando pides misericordia, el dueño del comercio te toma las medidas y luego desaparece hacia el fondo. Hay buenas noticias, ¡tiene de tu talle! El *stock* de misericordia nunca se agota y nunca pasa de moda. Cuando te marchas de la tienda, el dueño sonríe y te saluda: "¡Gracias por venir!", y guiñándote un ojo te anuncia: "¡Nos vemos mañana!".

La misericordia es confeccionada a medida según tu pecado, tus propias circunstancias. Calza como un guante, pero tienes que estar dispuesto a darle tus medidas exactas al Sastre. La gracia también es personalizada, pero se diferencia de la misericordia. Misericordia es no recibir lo que mereces; gracia es recibir lo que no mereces.

Aquí hay otra distinción muy importante:

Confesamos a Dios nuestros pecados para recibir *perdón*.

Confesamos nuestros pecados unos a otros para *sanidad*.

Por eso, confiésense unos a otros sus pecados, y oren unos por otros, para que sean sanados. La oración del justo es poderosa y eficaz.[5]

Como pastor he oído muchas confesiones (algunas de ellas incluso me toman por sorpresa), pero puedo decir que mi nivel de respeto por los que hacen la confesión siempre aumenta. ¿Por qué? No me impacta el pecado, pero me impactan los que en realidad tienen el valor de confesárselo a otro. Y una vez que está afuera, el enemigo no puede chantajearte más. ¡Y ahí es cuando y como ocurre la victoria!

Junto con el examen de especificidad, cada confesión tiene que aprobar el examen de la sinceridad. Si haces lo correcto por las razones equivocadas, eso no cuenta en el reino de Dios. En última instancia, Dios juzga las motivaciones de nuestro corazón.

En psicología hay algo que se llama *terapia de exposición*. En vez de evitar las cosas que tememos, nos exponemos a ellas en entornos seguros y de manera segura. Enfrentamos los temores a fin de crear cierta inmunidad a ellos. Estoy tomando un poquito de libertad, pero en mi libro la vulnerabilidad es una forma de terapia de exposición. No oculta sus imperfecciones, sino que asume el riesgo de compartir de manera genuina las heridas, los hábitos y los complejos. Una vez que los revelas, Dios puede comenzar a sanarlos. Y según mi propia experiencia, la gente responde a la vulnerabilidad de forma más positiva que a la autoridad.

Una disculpa solo será efectiva si la sientes de corazón. Tienes que revisar tus motivaciones. ¿Estás tratando de sacarte algo de encima? ¿Tu confesión tiene más que ver con liberarte de la culpa que con restaurar la relación? ¿O tienes en mente el interés de la otra persona? Hablando desde la experiencia, una disculpa insincera agrava el daño. ¡Tienes que decir lo que sientes y sentir lo que dices! Dicho esto, una disculpa sincera puede mover montañas de dolor, vergüenza y remordimiento. Puede quitar de encima cuarenta años de reproches.[6] Puede restaurar lo que se han robados las langostas.[7] Hasta puede salvar una nación.

La heroína olvidada de la historia de Éxodo es la hija de Faraón. Fue al Nilo a darse un baño y terminó adoptando a un bebé hebreo, cuando encontró la cesta en la que la madre había puesto a Moisés.

Cuando la hija de Faraón abrió la cesta y vio allí dentro un niño que lloraba, le tuvo compasión y exclamó: —¡Es un niño hebreo![8]

¿Lo captaste? Sintió compasión.

Era su padre el que había ordenado la muerte de los bebés hebreos, así que ella estaba arriesgando su vida al salvar a Moisés. Salvar a ese bebé era su manera de disculparse por el genocidio causado por su familia. De esto estoy seguro: un simple perdón salvó una vida y una nación. Y, observa: ¡comenzó con lágrimas!

¿Cuáles son los momentos más conmovedores en la metanarrativa de las Escrituras? ¿Cuáles son los puntos de inflexión? Algunos dirían que los milagros, y es difícil contradecirlo. Otros señalarían las enseñanzas de Jesús en los evangelios. Yo creo que la clave de los incidentes es que generalmente vienen acompañados de lágrimas.

¿Qué hizo José cuando se reencontró con sus hermanos? Lloró.[9] ¿Y qué acerca de Esaú cuando fue traicionado por Jacob? Lloró.[10] ¿Qué hizo Pedro luego de negar a Jesús? Lloró amargamente.[11] ¿Qué hizo Jesús cuando llegó a la tumba de Lázaro?

El versículo más corto de la Biblia lo dice todo: "Jesús lloró".[12]

Esas lágrimas representan distintas cosas, desde arrepentimiento hasta remordimiento. En el caso de Jesús, es empatía santa.

¡Las lágrimas son empatía en gotas!

Son oraciones líquidas.

A principios de 1900, Kate y Mary Jackson intentaron establecer el Ejército de Salvación en la ciudad de Leeds, pero nada parecía funcionar. Desanimadas y decepcionadas por su falta de progreso, le escribieron una carta a William Booth pidiendo que las dejara establecerse en otro lugar. Booth les respondió con un telegrama de tres palabras: INTENTA CON LÁGRIMAS.[13] Las hermanas Jackson comenzaron a clamar con lágrimas, y el Ejército de Salvación de Leeds se convirtió en uno de los mayores y más efectivos.

"El don de las lágrimas", dice Corey Russell, "es la señal externa de una revelación interna de tu incapacidad para cambiar algo".[14] Pienso que Russell se refiere a nuestra incapacidad de cambiar el pasado. Eso puede sonar desalentador, pero en realidad es liberador. No puedes cambiar lo que hiciste, punto. Todo lo que puedes hacer es soltarlo y buscar el *perdón*. Las lágrimas son parte de ese proceso. Si no has llorado por eso, probablemente no has hecho el duelo. Tus conductos lacrimales son un don de Dios. Las lágrimas "son un lenguaje en sí mismas. Son la expresión de un alma que está más allá de las palabras", dice Russell. Como el bálsamo de Judea, las lágrimas tienen el poder de sanar y calmar.[15]

Nada dice *perdón* como las lágrimas.

Nada restaura las relaciones como las lágrimas.

Nada mueve el corazón de Dios como las lágrimas.

¡Intenta con lágrimas!

7

La quinta petición

Los verdaderos santos queman la gracia como
un 747 quema combustible al despegar.
—DALLAS WILLARD, *The Great Omission*

Hace poco almorcé con alguien cuyos libros tuvieron
un impacto significativo en mi vida. R. T. Kendall fue pastor de
la capilla de Westminster en Londres por veinticinco años, además de ser autor de más de cincuenta libros. Me resulta difícil
escoger uno como favorito, pero creo que *Perdón total* es un libro
que cambia las reglas del juego. El subtítulo lo dice todo: *Cuando
todo en ti quiere guardar rencor, apuntar con el dedo y recordar el dolor,
Dios quiere que lo dejes todo a un lado.*

Más fácil decirlo que hacerlo, ¿verdad?

Durante su tiempo como pastor en Londres, Kendall se ofen-
dió por algo que alguien le había hecho. Esa semilla de amargura
se infectó por la falta de perdón y R. T. se aferró a ese rencor con
uñas y dientes. Finalmente, se lo contó a un amigo, buscando un
poco de comprensión. Para su sorpresa, su amigo lo reprendió
con compasión y sobriedad. "Debes perdonarlo por completo",
le dijo. "No puedo", replicó R. T. Su amigo se negó a darle la
razón: "Puedes y debes". Esa fue la cosa más difícil que tuvo

que hacer Kendall, pero su amigo estaba en lo cierto: "Libéralo, y tú serás libre".[1]

¿Hay falta de perdón en tu corazón?

¿Alguna raíz de amargura ha tomado lugar?

¿Estás albergando algún rencor?

¿Te sientes ofendido con alguien?

Estas preguntas pueden desencadenar recuerdos traumáticos, de modo que digo esto con mucha empatía: debes perdonar por completo. Puedo imaginar las palabras dichas, las acciones hechas, pero la falta de perdón es como beberte el veneno para ratas y pensar que las matará a ellas. La única persona que sale lastimada eres tú. Tienes que perdonar por tu bien.

Antes de avanzar, permíteme especificar lo que *no es* el perdón. No es excusar el mal comportamiento. No es justificar la injusticia. Ni siquiera es perdonar lo que otros hicieron. Eso no nos corresponde a nosotros sino a Dios. Perdonar no es hacer la vista gorda o estar sujeto al pecado de otro. Si te encuentras en una situación abusiva o riesgosa, tienes que salir de ella. Si alguien comete un crimen, puede recibir la gracia de Dios, pero eso no significa que no sufrirá las consecuencias de sus acciones. El perdón cancela el castigo, no las consecuencias.

El Padrenuestro es nuestro manual cuando se trata del perdón. La quinta petición de la oración que Jesús nos enseñó es más fácil de decir que de hacer: "Perdónanos nuestras deudas, como también nosotros hemos perdonado a nuestros deudores".[2] Luego Jesús redobla la apuesta con el epílogo: "Porque, si perdonan a otros sus ofensas, también los perdonará a ustedes su Padre celestial".[3]

Nuestro perdón vertical de Dios está conectado y supeditado a nuestro perdón horizontal a los demás. En otras palabras, el perdón es obligatorio. Eso no significa convertirse en el saco de boxeo de los abusos de la gente. No significa que no debamos poner límites saludables, pero los perdonados perdonan. Y Jesús mismo sienta las bases. Cuando colgaba de la cruz en un dolor insoportable, de alguna manera tuvo la capacidad de perdonar a los que lo habían clavado, diciendo: "Padre, perdónalos, porque no saben lo que hacen".[4]

Cuando Pedro le preguntó a Jesús cuántas veces debía perdonar, el Señor le respondió: "No te digo que hasta siete veces, sino hasta setenta y siete veces".[5] Pedro debe haber quedado con la boca abierta. Pensaba que estaba siendo misericordioso al perdonar siete veces. Jesús sube la apuesta y cuenta una historia sobre alguien que había perdonado una deuda de diez mil talentos.

Un talento pesaba setenta minas [medida de peso], y una mina valía el salario de tres meses. De modo que un talento igualaba ciento ochenta meses de salario. ¡Eso son quince años de pagos retroactivos! Una deuda de diez mil talentos igualaba ciento cincuenta mil años de salarios. ¡Este hombre debía lo que le llevaría 2 322 vidas devolver! Eso me recuerda la vieja canción que decía: "Yo tengo una deuda que no podría pagar. Él pagó una deuda que no era suya". Ese cálculo debería darnos una mayor apreciación de lo que Cristo hizo en la cruz.

Mientras pendía de esa cruz, Jesús dijo: "Consumado es".[6] Esas son dos palabras en castellano, pero en griego es una sola: *tetelestai*. Los arqueólogos han hallado esa palabra escrita en una especie de factura o de cuenta antigua. Era un término contable que significa *totalmente saldado*. La cruz es la cuota final de nuestro pecado. Nuestra deuda de diez mil talentos está cancelada, totalmente saldada.

Al que no cometió pecado alguno, por nosotros Dios lo trató como pecador, para que en él recibiéramos la justicia de Dios.[7]

Es casi como si Dios dijera: "Este es el trato: tú transfieres todo lo que has hecho mal —todo tu pecado— a mi cuenta. Yo transferiré todo lo que Jesús hizo bien —su justicia— a la tuya. Quedaremos a mano". No hay nada mejor que eso; por esa razón se le dice "buenas nuevas".

Si estás en Cristo, estás justificado, como si nunca hubieras pecado. Déjame pintarte una imagen de cómo se ve y se siente. ¿Recuerdas cuando Pedro le cortó la oreja a Malco, el servidor del sumo sacerdote?[8] Ellos habían venido a arrestar a Jesús, entonces Pedro sacó la espada. Es obvio que se metió en un gran lío. Uno no le corta la oreja a alguien y se sale con la suya, especialmente si ese alguien es el sirviente del sumo sacerdote. En el peor de los casos, Pedro es condenado por intento de homicidio. En el mejor, recibe una condena por asalto a mano armada. De cualquier modo, hubiera terminado en una cruz al lado de Jesús.

¿Qué hace el Señor? ¡Sana al hombre que vino a arrestarlo! De alguna manera, le restaura su oreja amputada.[9] ¡Queda como nueva! Pero hay algo más grande que sucede allí. Me encanta la manera en que lo expresa Dick Foth: "Jesús destruye la evidencia en contra nuestra".

Imagina a Malco demandando a Pedro. Sube al estrado y dice:

—Pedro me cortó la oreja.

El juez responde:

—¿Cuál oreja?

—La derecha.

El juez le pide si puede acercarse al banquillo para mirarlo más de cerca.

—Yo la veo bien —y luego exclama—: ¡Caso cerrado!

Y entonces los despiden de la corte por falta de evidencia. Esto no es solo una historia sobre Pedro y Malco, sino sobre tú y yo. Jesús fue a la cruz para destruir la evidencia que teníamos en contra.

No solemos pensar en el perdón como un milagro, pero es precisamente lo que es. Jesús convirtió el agua en vino.[10] Caminó sobre el agua.[11] Sanó a un ciego instalando una transmisión sináptica entre el nervio óptico y la corteza visual.[12] Incluso resucitó a un hombre que llevaba cuatro días muerto.[13] Aunque estos milagros fueron increíbles, el simple acto del perdón supera todo lo visto. En mi humilde opinión, este es el mayor milagro de los cuatro evangelios.

"Cuando perdono verdadera y completamente, he atravesado la barrera hacia lo sobrenatural y he alcanzado una proeza igual a cualquier milagro", dice R. T. Kendall.[14]

El perdón es milagroso, pero déjame dar vuelta el guion. Es la falta de perdón lo que nos impide experimentar lo milagroso. Esas dos cosas no parecen estar relacionadas entre sí, así que permíteme conectar los puntos. ¿Recuerdas el regreso de Jesús a Nazaret? En vez de hacer una marcha con papel picado para su hijo favorito, ellos "se sentían profundamente ofendidos". ¿Cuál fue el resultado? "Y por la incredulidad de ellos, no hizo allí muchos milagros".[15] Cuando te ofendes, dejas de jugar a la ofensiva. Tus mecanismos de defensa intervienen y comienzas a proteger tu ego a toda costa. Se convierte en un juego de suma cero, donde nadie sale ganando. Si quieres experimentar lo milagroso, debes ofrecer *perdón*.

Michelle Nelson hace una distinción entre tres grados de perdón. El primer grado es el perdón distante, donde hay una reducción de los sentimientos negativos hacia el ofensor, pero no hay reconciliación. El segundo nivel es el perdón limitado: hay una reducción de los sentimientos negativos hacia el ofensor y la relación está restaurada parcialmente, pero hay una disminución de la intensidad emocional de esa relación. El tercero es el perdón pleno. Hay un cese total de los sentimientos negativos hacia el ofensor y la relación se restaura por completo.[16]

La reconciliación es una calle de doble vía. Tú no puedes controlar a la otra persona, de modo que tampoco puedes controlar el resultado. Por favor, no intentes llevar esa carga. Todo lo que puedes controlar es a ti, y eso ya es bastante difícil. No estoy seguro de qué es más difícil, si perdonar o pedir perdón. Es un cara o cruz. Pero este es mi consejo: haz el primer movimiento, da el primer paso, ondea la bandera blanca.

> Por lo tanto, si estás presentando tu ofrenda en el altar y allí recuerdas que tu hermano tiene algo contra ti, deja tu ofrenda allí delante del altar. Ve primero y reconcíliate con tu hermano; luego vuelve y presenta tu ofrenda.[17]

Déjame poner este mandamiento en contexto. El altar estaba en el templo, y el templo estaba en Jerusalén. Jesús da este consejo durante el Sermón del Monte, que enseña en la costa norte del mar de Galilea. ¿Y qué? Bueno, no es que sus oyentes pudieran enviar un mensaje de texto para disculparse. El altar quedaba a setenta y dos millas de distancia de donde estaba, en línea recta. Una caminata a una velocidad promedio de tres millas por hora, suma veinticuatro horas de recorrido. Eso es igual a la Maratón Barkley. ¿A qué quiero llegar? No hay nada conveniente en ofrecer disculpas o extender perdón de manera genuina, pero vale la pena el viaje de ida y vuelta.

¿Hay alguien a quien tienes que perdonar?

¿Hay algo que debes confesar?

¿Qué estás esperando?

8

Gente de segundas oportunidades

Tus peores días nunca son tan malos como para
que estés fuera del alcance de la gracia de Dios.
Y tus mejores días nunca son tan buenos como
para que estés más allá de la necesidad
de la gracia divina.

—JERRY BRIDGES

En su clásico de todos los tiempos, *Los 7 hábitos de
la gente altamente efectiva*, Stephen Covey cuenta una historia
de una vez que tomó el metro en Nueva York un domingo a la
mañana. La gente estaba leyendo el periódico, pensando en sus
propios asuntos en silencio, cuando un padre y sus hijos ingresa-
ron al vagón. Los niños comenzaron a gritarse, arrojarse cosas,
incluso a empujar a las personas. Mientras tanto, el padre tenía
los ojos cerrados y estaba abstraído del caos que sus hijos estaban ocasionando. Después de ejercitar la paciencia tanto como
le fue posible, Stephen se dirigió al padre y le dijo: "Señor, sus
hijos están molestando a un montón de gente. Me pregunto si
acaso podrá controlarlos un poquito más".

El hombre de pronto se dio cuenta de la situación y se disculpó. "Tiene razón. Creo que podría hacer algo al respecto". Luego dijo: "Acabamos de venir del hospital, donde su madre falleció hace una hora. No sé qué pensar, creo que ellos tampoco saben cómo manejarlo".[1]

En un instante toda su irritación se disipó y en su lugar surgió la empatía. Stephen Covey tuvo un cambio de paradigmas. Esto es un término sacado de Thomas Kuhn en su fantástico libro *La estructura de las revoluciones científicas*. Casi todo descubrimiento en la ciencia tiene que ver con una ruptura de la tradición. Es el valor para girar el caleidoscopio. Cuando te tomas el tiempo para conocer la historia detrás de cada persona, se revelan distintos patrones, y las ves de una manera muy diferente. "Mi paradigma cambió", dijo Covey, "y comencé de pronto a ver las cosas de manera muy distinta. Y como vi diferente, pensé diferente. Sentí diferente. Actué diferente. Mi irritación se desvaneció. Mi corazón se llenó con el dolor del hombre. Todo cambió en un instante".[2]

Del mismo modo que una matrioska rusa, todos tenemos un montón de capas. Si eres de juzgar, las personas no te revelarán su identidad interna o su inseguridad secreta. Nunca atravesarás la capa externa. Si eres vulnerable y cuentas algunos de tus secretos, les permites a otras personas que se abran. Creo que Brene Brown está en lo cierto: "La vulnerabilidad es el riesgo que debemos asumir si queremos experimentar una conexión".[3] Si bajas la guardia, eso les dará a las personas la libertad de revelar quiénes son en realidad. Ese es uno de los mayores regalos que puedes darle a alguien. Se requiere una vulnerabilidad radical y una curiosidad santa, pero da como resultado una empatía sobrenatural.

En sus memorias, *The Sacred Journey* [El viaje sagrado], Frederick Buechner escribe sobre el modo en que el suicidio de su padre le afectó cuando era niño. Ese tipo de experiencias traumáticas no se *superan*, sino que se *atraviesan*. "Debajo de mi rostro", dijo Buechner, "soy una tumba familiar".[4] Hay factores epigenéticos que, consciente o inconscientemente, te han moldeado. Para bien o para mal, eres un invento de tu sistema familiar.

Durante la niñez, desarrollamos mecanismos de defensa para protegernos, empleamos estrategias adaptativas para llamar la atención. Al crecer, esas estrategias pueden tornarse más sofisticadas. ¡No muchos adultos tienen rabietas! Pero aun así somos movidos por esperanzas y temores subliminales.

Cuando conoces a una persona nueva, solo la conoces en tiempo real. Es como abrir un libro en la página 117 y comenzar a leer. Te estás encontrando con la última versión de ella, pero es infinitamente compleja. ¡Tienen todas las edades hasta la suya! Buechner describe la tumba familiar debajo de su rostro de este modo:

Todas las personas que he sido jamás se hallan enterradas allí: el niño saltarín, orgullo de su madre; el jovencito lleno de acné con su sensualidad secreta; el renuente soldado de infantería; el que contempló en un amanecer a través del vidrio de un hospital a su hijo primogénito. Todos esos seres que yo fui, ya no soy; ni siquiera los cuerpos que usaron son ya mi cuerpo y, aunque cuando lo intento, puedo recordar detalles y partes de ellos, ya no puedo recordar cómo era vivir dentro de su piel. Sin embargo, viven dentro de mi piel hasta el día de hoy; están sepultados en mí, en algún lugar, como fantasmas que ciertos cantos, gustos, olores, espectáculos y trucos del clima pueden despertar y, aunque no soy el mismo que ellos, tampoco soy diferente a ellos, porque el haber sido entonces es responsable por lo que soy ahora.[5]

¿Qué tiene que ver esa tumba familiar con las disculpas? Conocer la historia de alguien te ayuda a ponerlo en contexto. Hay una regla simple en la hermenéutica: *el texto fuera del contexto es un pretexto*. Y no solo es cierto respecto de las Escrituras, ¡sino también de las personas! El pretexto es prejuicio. Es llegar a una conclusión antes de que se presenten todos los hechos.

Hace algunos años fui a consejería con un terapeuta que se especializa en sistemas familiares. Yo tenía una tristeza subliminal que salía a la luz de tanto en tanto, y estaba tratando de descifrar. Uno de los resultados de esa terapia fue un mayor aprecio por las estrategias adaptativas de los demás. No estoy justificando el comportamiento disfuncional, pero eso me ayudó a entenderlo. Lo repito: la gente herida, hiere. A menudo protegemos nuestro ego protegiendo nuestro dolor.

Cuando conocemos a alguien cuyos mecanismos de defensa están causando un daño colateral, nuestra tendencia natural es reaccionar del mismo modo. ¿Cómo ponemos la otra mejilla? ¿Cómo les damos una segunda oportunidad? Todo comienza con curiosidad santa. Necesitas ejercitar los músculos de la empatía caminando una milla en sus zapatos.

"Si pudiéramos leer la historia secreta de nuestros enemigos", dijo Henry Wadsworth Longfellow, "encontraríamos en la vida de cada hombre una tristeza y sufrimiento suficiente como para desarmar toda hostilidad".[6]

Tengo un amigo que hace poco recibió a dos funcionarios de alto rango de partidos opuestos. Ellos pasaron siete horas compartiendo su historia de vida uno con el otro. ¡Siete *horas*, no minutos! Que no estén de acuerdo en todos los temas no significa que no puedan relacionarse de corazón a corazón. Claro que hay que tomarse el tiempo para escuchar la historia del otro y hacer buenas preguntas. Y muchos de nosotros estamos demasiado ocupados como para hacer eso. Entonces terminamos peleando en vez de perdonando, cancelando en vez de cuidando, juzgando en vez de empatizando. Nos damos por vencidos con las personas demasiado rápido.

En vez de ayudar a Job a sanar, Elifaz, Bildad y Zofar le agregaron sal a la herida. Con amigos como esos, ¿quién necesita enemigos? Cuando alguien está triste, tendemos a tirarnos encima. Pero es ahí es cuando tenemos que ponernos la gorra de béisbol y salir a batear por ellos. ¿Cómo? ¡Orando por ellos!

Después de haber orado Job por sus amigos, el Señor lo hizo prosperar de nuevo y le dio dos veces más de lo que antes tenía.[7]

Si alguien está de duelo, no tienes que resolver su situación. De hecho, no puedes hacerlo. Todo lo que puedes hacer es ofrecerle un sincero "lo lamento". Dale el regalo de las lágrimas. Entrégale el regalo de tus oídos. Otórgale una segunda oportunidad, como Dios te la dio a ti.

El amor de Dios no es reactivo: es proactivo. No depende de nuestro desempeño. Es una expresión de quién es Él, y Dios es amor. No hay nada que puedas hacer para que Dios te ame un poco más o un poco menos. ¿Por qué? Porque Él te ama perfecta, única e incondicionalmente. Nadie te conoce mejor; sin embargo, nadie te ama más que Él.

Uno de los primeros recuerdos que tengo es cuando el director de mi escuela primaria interrumpió la clase de gimnasia de cuarto grado para anunciar por el altoparlante que le habían disparado al presidente Ronald Reagan. Era el 30 de marzo de 1981. El potencial asesino, John Hinckley Jr., le había disparado a quemarropa afuera del Hotel Hilton Washington.

Cuando escuchamos disparos, la reacción natural de todos nosotros es protegernos y buscar refugio. Los agentes del servicio secreto están entrenados para hacer precisamente lo contrario. Cuando Hinckley apuntó su revólver calibre .22, el agente del servicio secreto Tim McCarthy extendió los brazos y las piernas con la intención de cubrir la mayor superficie posible. McCarthy recibió una bala que iba dirigida al presidente, salvándole la vida.

Hace dos mil años Jesús adoptó la misma posición, y recibió el disparo dirigido a ti y a mí. "Pero Dios demuestra su amor por nosotros en esto: en que cuando todavía éramos pecadores, Cristo murió por nosotros".[8]

Cuando estamos en nuestro punto más bajo, Dios está en lo más alto. Dios nos ama cuando menos lo esperamos y menos lo merecemos. Él es el Dios que nunca se da por vencido con nosotros. Es el Dios de las segundas, terceras y centésimas oportunidades. ¡Ve tú y haz lo mismo!

9

La salsa secreta

Dios nos ama a cada uno de nosotros
como si solo existiera uno de nosotros.
—San Agustín

A principios del siglo XXI, se abrió una biblioteca
bastante particular en Copenhague, Dinamarca. Se llama *Men-
neskebiblioteket*, que en danés significa 'Biblioteca Humana'. En
vez de retirar un libro, puedes conversar con alguien que te contará su historia sobre ser sordo, ciego, autista, indigente, bipolar
o víctima de abuso sexual. ¿Cuál es la misión de la Biblioteca
Humana? Romper con los estereotipos y los prejuicios mediante
el diálogo. ¡Sí, puedes hacerles preguntas a estos libros humanos!

Me encanta su lema: *deja de juzgar a alguien.*

¡Qué gran idea!

¿No es esto lo que Jesús enseñó en el Sermón del Monte? "No
juzguen a nadie, para que nadie los juzgue a ustedes".[1] Jesús nos
dijo que, en lugar de fijarnos en la astilla que tiene otra persona
en el ojo, sacáramos la viga que está en el nuestro.[2] "Mantén el
control", dijo Icecube, "para no descontrolarte".[3] ¿Cómo? En primer lugar, debemos escuchar el doble de lo que hablamos. Quizás, solo quizás, es por eso que Dios nos dio dos orejas y una boca.

En el libro *Ask More* [Haz más preguntas], Frank Sesno dice: "Las personas inteligentes hacen preguntas inteligentes".[4] El expresentador de CNN enumera once tipos de preguntas, que van de preguntas provocadoras a preguntas empáticas, de preguntas de diagnóstico a preguntas de legado. Por supuesto, una de las preguntas más eficaces que puedes hacer ni siquiera es una pregunta: "Cuéntame más".[5]

Hay tres ingredientes clave para hacer buenas preguntas.

1. Formula preguntas abiertas que no permitan respuestas de sí o no.
2. Haz preguntas repetidas para que las personas respondan más de una vez y de varias maneras.
3. Plantea preguntas sorpresivas que cambien el marco de referencia.[6]

Además de hacer preguntas, debes ser vulnerable. Esta es una regla de oro: antes de confrontar a alguien con su pecado, confiesa el tuyo. En palabras de Tommy Boy: "Déjame contarte mis falencias".[7] Debes igualar el terreno de juego. ¿Otro consejo? Halaga antes de criticar. Según el índice de Losada, necesitamos 2,9 halagos por cada crítica.[8] Debes felicitar a los demás cuando hacen bien las cosas.

Sigo un estilo de liderazgo llamado indagación apreciativa. Es un enfoque al cambio basado en las fortalezas. En pocas palabras, celebra aquello que quieres que suceda más seguido. Felicitar a las personas por lo que hacen bien de forma constante, prepara el terreno para confrontarlas cuando se equivocan. Las cartas a las siete iglesias en Apocalipsis incluyen reprimendas incisivas, pero comienzan con una afirmación. Esa secuencia no es insignificante.

Cuando empezamos a construir el mercado de usos múltiples llamado Capital Turnaround en una manzana de la ciudad, contratamos a un asesor que nos guio en un ejercicio denominado mapa de empatía. Este es el primer paso del proceso de diseño enfocado en las personas que permite identificar los puntos débiles y los puntos fuertes. En un mapa de empatía se hacen las siguientes preguntas.

¿Qué piensan?
¿Qué sienten?
¿Qué ven?
¿Qué escuchan?
¿Qué dicen?
¿Qué hacen?

La encarnación es un mapa de empatía, ¿no lo crees? No tenemos un sumo sacerdote que no logra empatizar con nuestras debilidades. Jesús fue tentado en todo, al igual que nosotros.[9] De hecho, se enfrentó mano a mano con el diablo durante cuarenta días en el desierto.[10]

Y el Verbo se hizo hombre y habitó entre nosotros. Y hemos contemplado su gloria, la gloria que corresponde al Hijo unigénito del Padre, lleno de gracia y de verdad.[11]

Amor es gracia más verdad.
Gracia significa perdonar pase lo que pase.
Verdad significa ser honesto pase lo que pase.
Verdad menos gracia es salsa picante. Es conocimiento sin corazón. A los demás no les importa cuánto conoces hasta que conocen cuánto te importan ellos a ti.

Gracia menos verdad es salsa insípida. Es corazón sin conocimiento. No queremos herir los sentimientos de los demás, entonces permitimos que se hieran a sí mismos.

¡Gracia más verdad es nuestra salsa secreta!

"Muchos de nosotros estamos condicionados a no decir lo que verdaderamente pensamos" dice Kim Scott en su libro *Radical Candor* [Candor radical]. "Este comportamiento social parcialmente flexible nos ayuda a evitar el conflicto o la vergüenza".[12] No decir lo que debe decirse es una empatía que lleva a la ruina.[13] El amor no implica aprobar todo lo que la otra persona dice o hace. No implica estar de acuerdo con todo lo que el otro piensa o cree. El amor verdadero, es decir, el amor firme se preocupa lo suficiente como para confrontar. No es pasivo-agresivo. No evita el conflicto. Es partes iguales de gracia y verdad.

La solución a esta empatía ruinosa es la honestidad radical, que tiene dos dimensiones. Se trata de interesarte personalmente y confrontar de manera directa. Quizás la terminología sea nueva, pero la honestidad radical es tan antigua como la encarnación. ¡Y nadie la practicó mejor que Jesús! Él es la combinación perfecta entre dar gracia y decir la verdad.

En el evangelio de Juan hay una mujer que es sorprendida en el acto de adulterio. Los líderes religiosos que se creían superiores a los demás querían apedrearla hasta que muriera. Jesús respondió: "Aquel de ustedes que esté libre de pecado, que tire la primera piedra".[14]

¡Completamente brillante! Jesús calma la hostilidad y la defiende. *Pueden apedrearla, pero sobre mi cadáver.* Él ama a esa mujer cuando ella menos se lo espera y, a decir verdad, cuando menos se lo merece. Le da gracia, pero también le habla con la verdad. Le dice de manera categórica: "Ahora vete, y no vuelvas a pecar".[15]

Jesús no justifica su comportamiento ni lo esconde debajo de la alfombra. Le llama la atención, pero lo hace de forma redentora y respetuosa. Jesús le da una segunda oportunidad. No la condena ni la justifica. Encuentra el camino del medio, el tercer camino, el camino de Jesús. El amor no compromete sus convicciones, pero se conmueve por la compasión.

Hay una manera de estar en desacuerdo agradablemente, pero implica humilde valentía. La humildad es la disposición a admitir tus faltas cuando te equivocas. La valentía es la disposición a arriesgar tu reputación por lo que está bien. Vivir conforme a tus convicciones conlleva muchísimo valor, en particular en una cultura en la que está mal decir que algo está mal. Se trata de ser bíblicamente correctos en lugar de políticamente correctos.

En la NCC tenemos cuatro principios pacificadores que sirven como guías:

1. Escucha con atención.
2. Haz todas las preguntas.
3. Disiente con libertad.
4. Ama a pesar de todo.

Nuestra falta de civilidad en el discurso público e interpersonal, junto con el auge de la cultura de la cancelación, es diametralmente opuesta al evangelio. ¿Recuerdas a la mujer sorprendida en el acto de adulterio? Hay una trama secundaria que solemos ignorar. Jesús cumplía con el requisito que exigía. Estaba libre de pecado, pero no levantó ni una piedra. ¿Por qué? La respuesta es gracia pura. Pero presta atención: también habló la verdad en amor. Esta es la cuerda floja por la cual debemos caminar y la única manera de mantener el equilibrio es la gracia y la verdad.

En nuestras interacciones con los demás, siempre habrá desacuerdos. No estaremos de acuerdo sobre por quién votar ni a quién apoyar. No estaremos de acuerdo en cuestiones políticas, estéticas e, incluso, teológicas. La manera en que manejamos estas diferencias revela mucho sobre nuestro carácter. ¿Somos dadores de gracia? ¿Damos segundas oportunidades? ¿Intentamos entender su punto de vista, aun cuando conservemos el nuestro? ¿O cancelamos a las personas cuando no estamos de acuerdo con ellas?

Después de la muerte de Lázaro, sus hermanas estaban afligidas. Recuerda que las palabras son como rayos X. Le dijeron a Jesús: "si hubieras estado aquí, mi hermano no habría muerto".[16] ¿A ti también te parece pasivo-agresivo o solo a mí? Pareciera que están diciendo: "No es tu culpa, pero sí lo es, aunque no, pero sí". Esto surgió de la convicción arraigada de que Jesús lo podría haber evitado.

Si tus disculpas son a medias, ni siquiera te molestes.

Si tus disculpas son tibias, detente.

Si tus disculpas son pasivo-agresivas, serán contraproducentes.

Parece que Jesús llega cuatro días tarde, pero no tiene por qué disculparse porque nada se acaba hasta que Él dice que se acaba. No pongas un punto donde Dios puso una coma. Jesús dice: "¡Lázaro, sal!".[17]

¿Qué tiene que ver la resurrección de Lázaro con las disculpas? ¡No todo es lo que parece! Unas simples disculpas pueden tener el mismo efecto. Cuando das una segunda oportunidad, la fe, la esperanza y el amor resucitan. A través de las disculpas nos quitamos las vendas.

Es tiempo de que revisemos nuestras intenciones.

Tus disculpas únicamente tienen poder si tus motivos son puros.

¿Pides disculpas para el beneficio de la otra persona?

¿O lo haces para sacártelo de encima?

Cuando salió a la luz el escándalo sexual entre el presidente Clinton y Monica Lewinsky, la Casa Blanca invitó a Billy Graham a una reunión con el presidente. Graham recibió críticas de algunos cristianos por haber aceptado esa invitación. ¿Por qué? Porque creían que aprobaba el pecado. Billy Graham respondió de esta manera: "El trabajo del Espíritu Santo es convencer, el de Dios es juzgar, y el mío es amar".

A menudo, hacemos el papel de juez y de jurado. Desde luego que no propongo que comprometas tus convicciones bíblicas. Vivimos en una cultura en la que está mal decir que algo está mal, y yo creo que eso está mal. Necesitamos hablar la verdad en amor, sin excusas. Habiendo dicho eso, no es tu trabajo juzgar a los demás. A decir verdad, solemos criticar en los demás aquello que no nos gusta acerca de nosotros mismos. ¿O me sucede solo a mí? Proyectamos nuestro dolor. Protegemos nuestro ego a toda costa. Intentamos fortalecernos debilitando al resto. Ese es el momento, el lugar y el motivo por los cuales debemos pedir disculpas.

¿Prefieres tener razón o ser justo? No digo que ambas situaciones no puedan suceder al mismo tiempo, pero si prefieres tener razón es porque te crees superior a los demás. Por lo general, esto conduce a relaciones rotas. Sacrificamos relaciones en el altar de las opiniones inmutables. No sé cómo decir esto, pero: *por favor*, detente. Sí, dije *por favor*. ¿Qué necesitamos para despertar y cambiar? El nivel de cinismo está fuera de control. El acoso y el troleo deben terminar. También debemos dejar de echar culpas y avergonzar a los demás.

En el juego de echar culpas nadie gana. La única manera de ganar es no participar. Lo mismo ocurre en el juego de la vergüenza y de la fama. Cuando te comparas, experimentas orgullo o celos. ¡Es imposible ganar! Compararte con los demás es una batalla perdida.

Todo el tiempo hay personas culpando a otras por casi todo. ¿No me crees? Solo debes ver los noticieros. Es hora de interrumpir el patrón y probar una táctica diferente. No hay una solución mágica, pero sí hay una palabra mágica. *Perdón* es un buen punto de partida. Es la solución a cientos de problemas.

¿Qué sucedería si nos lleváramos menos crédito cuando algo sale bien? ¿Y si asumiéramos más responsabilidad cuando algo sale mal? ¿Y si perdonáramos más y juzgáramos menos?

En vez de señalar, debemos mirarnos al espejo. Si no eres parte de la solución, eres parte del problema. Deja de quejarte de la falta de civilidad si hablas barbaridades de los demás. Debemos exigirnos un estándar más alto. Si quieres hacer algo importante, ocúpate de cumplir el mandamiento más importante.

"Ama al Señor tu Dios con todo tu corazón, con todo tu ser y con toda tu mente" —le respondió Jesús—. Este es el primero y el más importante de los mandamientos. El segundo se parece a este: "Ama a tu prójimo como a ti mismo".[18]

A veces pensamos que estos mandamientos tienen dos dimensiones: amar a Dios y amar al prójimo. Sin embargo, hay una tercera dimensión: amarse a uno mismo. Suena egoísta, pero es una parte fundamental de la ecuación. Es difícil amar al prójimo si no te amas a ti mismo. ¿Cómo haces para amarte? Dejas que Dios te ame. Dejas que Dios te perdone. Aceptas su valoración sobre quién eres.

Cuando nos valoramos a nosotros mismos, podemos cometer dos errores: el orgullo y la falsa humildad. "Dios se opone a los orgullosos",[19] pero la humildad falsa tampoco ayuda. Esto implica pensar sobre ti mismo menos de lo que eres en Cristo.

La persona a quien más cuesta perdonar eres tú mismo. Solemos exigirnos más que a los demás, y esa es una función del sesgo de negatividad. ¡Somos nuestros peores críticos! Por algún motivo, la condenación pesa más en el alma que el mandamiento.

En este sentido, permíteme hacer una distinción crucial. La condena es sentir culpa por un pecado que no se ha confesado, y proviene del Espíritu Santo. La condenación es sentir culpa por un pecado que se ha confesado, y proviene del enemigo. "No hay ninguna condenación para los que están unidos a Cristo Jesús".[20]

En el libro *People of the Second Chance* [Las personas de las segundas oportunidades], Mike Foster comparte cinco frases condenatorias. "Las reglas que nos ponemos son engañosas", dice Mike. "Se ejecutan en segundo plano como un virus que infecta un sistema operativo".

1. No merezco una segunda oportunidad.
2. Soy mi vergüenza. Soy mis secretos.
3. Siempre me sentiré y seré de esta manera.
4. Mis peores momentos me definen.
5. Mi vida, mis deseos y mis sueños ya no tienen importancia.[21]

Si no puedes perdonar a los demás, quizás no te has perdonado a ti mismo.

Si no es ahora, ¿entonces cuándo?

10

Inofendible

Debemos ser las personas más
agradablemente inofendibles del planeta.
—Brant Hansen, *Unoffendable*

Cuando tenía cinco años, puse mi fe en Cristo tras haber visto la película *El refugio secreto*. La película cuenta la historia de vida de Corrie Ten Boom, cuya familia es enviada a un campo de concentración nazi por haber escondido judíos. Corrie perdió a su padre y a su hermana, pero logró sobrevivir. Muchos años más tarde, regresó a Alemania para predicar las buenas nuevas del evangelio.

En uno de esos encuentros, Corrie conoció a un hombre que había trabajado como guardia en el campo de concentración de Ravensbruck. Ver su rostro despertó recuerdos traumáticos. Recordaba que él era uno de los guardias más crueles del campo. El hombre extendió la mano y dijo: "Buen mensaje, *Fräulein*" [*señorita*, en alemán]. Habiéndole agradecido por el mensaje, agregó un comentario personal: "Me gustaría escucharlo de sus labios también. *Fräulein*, ¿me perdona?". Daba la impresión de que el tiempo se había detenido. Era el momento de la verdad. Ten Boom recordaría más tarde: "Estaba allí.

Mis pecados habían sido perdonados una y otra vez, pero yo no podía perdonar".

Perdonar a ese guardia fue lo más difícil que Corrie había tenido que hacer. Pero sabía que el perdón no es una función del sentimiento, sino un acto de la voluntad. Finalmente, Corrie extendió la mano y tomó la del guardia. Cuando lo hizo, sucedió algo milagroso.

Sentía que corría una corriente desde el hombro por el brazo y brotaba en nuestras manos. Y, luego, ese calor sanador inundó todo mi ser e hizo que se me cayeran las lágrimas. "Te perdono, hermano", dije, "con todo mi corazón"… Nunca antes había experimentado un amor tan intenso como en ese momento. Pero, incluso entonces, me di cuenta de que no era mi amor. Era el poder del Espíritu Santo.[1]

Cuarenta años después del éxodo de Egipto, los israelitas tomaron posesión de la tierra prometida. Acamparon en un lugar llamado Guilgal, en la costa este del río Jordán. En ese momento y en ese lugar, Dios les dijo: "Hoy les he quitado de encima el oprobio de Egipto".[2] Fue necesario un día para sacar a Israel de Egipto, pero fueron necesarios cuarenta años para sacar a Egipto de Israel. El perdón no se produce de la noche a la mañana. A veces, son necesarios cuarenta años.

Cuando pides perdón, cuando perdonas de verdad, el reproche desaparece. Eso no significa que no tendrás tropiezos o recuerdos. La salvación es un reinicio duro; Dios perdona y olvida nuestros pecados. Somos justificados, como si nunca hubiéramos pecado. El perdón es un reinicio suave. Es algo que debes hacer una y otra vez.

¿Recuerdas la entrada de mi diario que compartí en la introducción? Mi cabeza estaba aturdida, mi corazón estaba irritable y me sentía vacío. Cuando se prendió la luz de emergencia, supe que necesitaba ayuda. Empecé consejería y mi consejero me enseñó un ejercicio de perdón que me puso en el camino correcto. Me pidió que encontrara un tiempo y le preguntara a Dios: *¿Hay alguien o algo que deba perdonar?* Pensé que me llevaría unos minutos. ¡Me equivoqué! El Espíritu Santo empezó a revelarme pecados sin confesar y pecados sin perdonar. Había reprimido mucho más de lo que había confesado. Había protestado mucho más de lo que había perdonado.

Hace poco encontré una tira cómica en la que había un hombre parado sobre un cráter de su propia creación, que había explotado afectando a todos a su alrededor. La leyenda me tocó de cerca: "Durante cuarenta y tres años, Hank acumuló con éxito cada sentimiento que tuvo hasta la mañana en que Fred le preguntó si podía pedirle prestado un sujetapapeles".[3] Cuando las personas exageran ante una ofensa, es muy probable que no estén reaccionando a las circunstancias del presente. Están proyectando el dolor del pasado. Si alguien causa muchos daños colaterales, ya sean emocionales, relacionales o espirituales, está actuando con las heridas abiertas. Eso fue lo que me sucedió a mí.

El Espíritu Santo cumple muchas funciones. Sana, sella y revela. Aconseja, convence y consuela. Una de sus funciones ejecutivas es sacar a la luz motivos subconscientes y recuerdos reprimidos.

"Ningún ojo ha visto, ningún oído ha escuchado, ninguna mente humana ha concebido lo que Dios ha preparado para quienes lo aman". Ahora bien, Dios nos ha revelado esto por medio de su Espíritu, pues el Espíritu lo examina todo, hasta las profundidades de Dios.[4]

El Espíritu de Dios *googlea* todas las cosas. Eso incluye la internet profunda de los deseos. También incluye la internet profunda de los motivos. En la corteza cerebral se producen cerca de ciento veinticinco billones de sinapsis,[5] y el Espíritu Santo habita en la hendidura sináptica de cuarenta nanómetros.

Durante el ejercicio de perdón que me recetó el consejero, el Espíritu Santo empezó a sacar a la luz momentos y recuerdos. Algunos eran ofensas recientes. Otros eran heridas antiguas. Algunos de ellos eran lugares en los que debía pedir perdón. Tuve una retrospectiva fugaz de la primera vez que robé algo. Fue en una clase de música en la que noté que mi profesor tenía un cronograma de béisbol que yo anhelaba conseguir. Lo tomé y nunca le pedí perdón. No creo que ese sea un pecado imperdonable, pero las zorras pequeñas arruinan el viñedo.[6] Luego de orar y procesar esto durante varias horas, sentí que debía sacarme una carga muy pesada. Y eso es exactamente lo que Jesús prometió: "Porque mi yugo es suave y mi carga es liviana".[7]

Hay muchos motivos por los que no perdonamos. Tememos que nos lastimen de nuevo. Queremos que la otra persona pague por el dolor que nos ha causado. Queremos que el otro vaya primero. Tememos que perdonar nos hará parecer débiles cuando, en realidad, es todo lo contrario. Perdonar nos libera de nuestro sistema innato de excusas.

La falta de perdón es como tener una banda elástica alrededor del tobillo. Intentas ir hacia delante, pero el rencor te retiene. En algún momento, debes cortarla. No permitas que quienes te han dañado te definan. Libérate de la opinión de los demás. Si te ayuda, sella el perdón con algún símbolo. Suelta un globo. Entierra tu confesión dentro de una caja de zapatos. Mejor aún, haz una fogata y quémala.

No agravien al Espíritu Santo de Dios, con el cual fueron sellados para el día de la redención. Abandonen toda amargura, ira y enojo, gritos y calumnias, y toda forma de malicia. Más bien, sean bondadosos y compasivos unos con otros, y perdónense mutuamente, así como Dios los perdonó a ustedes en Cristo.[8]

"La forma principal en que agraviamos al Espíritu en nuestra vida", dice RT Kendall, "es albergando rencor en nuestro corazón".[9] Luego, da vuelta el versículo. "La ausencia de amargura permite que el Espíritu Santo sea tal cual es en nosotros. Cuando el Espíritu Santo no está agraviado, está *en su hogar* conmigo".[10]

Si has perdido la intimidad con Dios, ¿es posible que haya amargura en tu corazón? Si has perdido la paz que sobrepasa todo entendimiento, ¿es posible que haya falta de perdón en tu corazón? Si has perdido el gozo del Señor, ¿es posible que estés guardando rencor o estés ofendido? Hazte el tiempo, siéntate ante el Señor y pregúntale: *¿Hay alguien o algo que deba perdonar?*

En mi opinión, tenemos dos opciones cuando se trata del dolor que causamos a los demás y el dolor que nos causan a nosotros: podemos reprimirlo o podemos confesarlo. Todo lo que reprimas acabará por deprimirte, y eso crea un efecto de pelota de playa. Puedes sumergirla por un rato, pero al final volverá a la superficie. Solo hace falta un desencadenante, como cuando Fred le pidió a Hank un sujetapapeles. La falta de perdón es una muerte en cámara lenta.

En el año 2011 escribí y publiqué un libro llamado *El hacedor de círculos*. Se han vendido millones de copias y recibí miles de testimonios de los efectos positivos que tuvo en la vida de oración de las personas. Debo admitirlo: me conmocioné cuando leí algunas reseñas negativas. Debes creerme, no busco tu empatía. Pero había muchos comentarios en los que se me acusaba de distintas ofensas, desde falsos motivos hasta falsa doctrina. Recuerdo que alguien me escribió para reprenderme por haber comido en el restaurante *The Cheesecake Factory*. Si eso está mal, entonces no quiero hacer las cosas bien. Hablando en serio, muchas personas me acosaban y troleaban en línea, pero había elegido un versículo del año que demostró ser pertinente.

El buen juicio hace al hombre paciente; su gloria es pasar por alto la ofensa.[11]

Toma nota: ten cuidado cuando elijas el versículo del año. ¡Dios te dará muchas oportunidades para ponerlo en práctica! Por supuesto que no pude hacerlo siempre. Definitivamente permití que algunas ofensas me irritaran. El antiguo axioma es cierto: una crítica más mil halagos es igual a una crítica. Habiendo dicho eso, logré ser más inofendible. ¿Por qué? Había tomado una predeterminación. Independientemente de lo que los demás hicieran o dijeran, había predeterminado en mi corazón que no me ofendería.

Cuando apedrearon a muerte a Esteban según el libro de los Hechos, lo último que él hizo fue arrodillarse y orar. Con su último aliento, Esteban dijo: "¡Señor, no les tomes en cuenta este pecado!".[12] El perdón no es tan solo una predeterminación, es un compromiso de por vida.

Si llenas los espacios con suposiciones negativas, todo el tiempo serás propenso a ofenderte. ¿Te puedo dar un consejo? Dales a las personas el beneficio de la duda. No te hagas la víctima cuando las cosas salen mal, ni te hagas el Dios cuando salen bien.

Continuaré perdonando hasta el día de mi muerte.

Continuaré pidiendo perdón hasta el día de mi muerte.

Cuando estaba en la universidad, me presentaron una matriz

fascinante sobre la personalidad del ser humano llamada "la ventana de Johari". Aunque el nombre Johari suene sofisticado, es la combinación de los nombres de los creadores: Joe y Harry. Consiste en cuatro cuadrantes que representan las cuatro dimensiones de tu identidad.

La primera dimensión es el cuadrante de la escena. Se compone de lo que tú sabes sobre ti y lo que los demás saben sobre ti. Son tus publicaciones en Facebook. Es tu perfil en LinkedIn. Es quien eres en público. Es lo que todos saben y lo que todos ven. Es lo que haces cuarenta horas a la semana. Son las características más prominentes de tu personalidad.

La segunda dimensión es el cuadrante de la fachada. Se compone de lo que tú sabes sobre ti pero los demás no saben sobre ti. Es tu alter ego. Es quien eres cuando nadie te ve. Es la cortina que esconde al Mago de Oz. Aquí es donde nos sentimos un fracaso y luchamos contra el síndrome del impostor.

Según lo veo yo, o desarrollamos un *alter ego*, con e, o un *altar ego*, con a. Un alter ego es pretender ser quien no eres. El problema es el siguiente: si tú eres quien no eres, ¿entonces quién eres tú? Sinceramente es agotador. Nunca estás cómodo en tu propia piel. ¿Qué otra opción tienes? Deja el orgullo, la vergüenza, la lujuria, el enojo y los errores a los pies de la cruz. A eso le llamo un altar ego. Es consagrarte: consagrarle a Dios tu tiempo, tus talentos y tus tesoros. Tu pasado, tu presente y tu futuro. Tu corazón, tu alma, tu mente y tu fuerza.

La tercera dimensión es el cuadrante del punto ciego. Se compone de lo que los demás saben sobre ti pero tú no sabes sobre ti. Aquí es donde necesitamos amigos que se preocupen lo suficiente como para confrontarnos. Aquí es donde necesitamos compañeros ante quienes rendir cuentas. Aquí es donde necesitamos profetas que llamen al potencial que está dentro de nosotros. Por supuesto que necesitamos oídos para oír. "Las personas maduras no se ofenden cuando las corrigen", dijo James Huston. ¿Por qué? "Se identifican más con su ser a largo plazo que se beneficia con la corrección que con su ser momentáneo que recibe la corrección".[13] Si tienes una mentalidad de crecimiento, aceptas todas las correcciones que recibes.

Por último, la cuarta ventana es el cuadrante desconocido. Se compone de lo que tú no sabes sobre ti y los demás no saben sobre ti. Aquí es donde la relación con Dios puede iluminarte. ¿Por qué? Porque Dios te conoce mejor de lo que tú mismo te conoces. Si quieres descubrir quién eres, debes buscar a Dios. Descubrimos nuestra verdadera identidad en Cristo buscando a Dios. Si quieres maximizar tu potencial, debes estar en una relación con el Dios que te dio ese potencial en primer lugar.

Aquí también necesitamos la ayuda del Espíritu Santo. Cuando hice el ejercicio del perdón, me impresioné al ver cuánto rencor y cuántas ofensas guardaba. El Espíritu Santo tuvo la gracia para convencerme y consolarme. Y no puedes elegir una o la otra. Debes aceptar ambas. Si no escuchas todo lo que el Espíritu Santo tiene para decir, no escucharás nada de lo que el Espíritu tiene para decir. ¿Por qué? Es una oferta con todo incluido. Si no escuchas la voz de la condena, no escucharás la voz del consuelo.

¿Cuál es la voz más fuerte en tu vida? ¿Es la aún pequeña voz del Espíritu? Si lo es, dirás perdón más frecuentemente que una persona promedio. ¿Por qué? Porque vives inofendido y amas inofendido.

¿Hay alguien a quien debas perdonar?

¿Qué estás esperando?

Parte 3

LA TEOLOGÍA
DEL *GRACIAS*

Hay muchas maneras de dar las *gracias*.

Gracias.
Muchas *gracias.*
Muchísimas *gracias.*
Mil *gracias.*
No hay palabras suficientes para darte las *gracias.*

Mi preferida es: *¡Un millón de gracias!* En realidad, prefiero usar la expresión *dar las gracias* en lugar de *estar agradecido.* ¿Por qué? Porque hay estudios que demuestran que de esta forma se expresa la gratitud de manera más eficaz. Estar agradecido es un *sentimiento,* mientras que *dar las gracias* es una *acción.*[1] De cualquier modo, la teología del *gracias* comienza con la gratitud.

En nuestra familia tenemos cuatro valores fundamentales: gratitud, generosidad, humildad y valentía. Estos valores se superponen, pero la gratitud es la sala de máquinas. La gratitud implica darle crédito a quien se lo merece. Significa reconocer que toda buena dádiva y todo don perfecto proviene de Dios.[2] En palabras del teólogo y ex primer ministro de los Países Bajos, Abraham Kuyper: "No hay una sola pulgada cuadrada en todo el terreno de nuestra existencia humana sobre la que Cristo, que es el soberano de todo, no declare '¡Mía!'".[3] Todas las cosas son *de* Dios y *para* Dios.

Albert Einstein dijo: "Solo hay dos maneras de vivir la vida. Una es como si nada fuera un milagro. La otra es como si todo lo fuera". Conozco a personas que dicen que nunca han experimentado un milagro. Con todo el respeto que se merecen, debo decirles que están equivocados, porque experimentan milagros a diario.

¿Sabías que se producen treinta y siete mil trillones de reacciones químicas en todo momento en el cuerpo humano?[4] La retina hace alrededor de diez mil millones de cálculos cada segundo[5] y eso sucede antes de que la imagen viaje desde el nervio óptico hasta la corteza visual. Con cada latido del corazón, bombean cerca de cinco litros de sangre a través de sesenta mil millas de venas, arterias y capilares. Y no podemos olvidar el ADN. Si estiráramos tu código genético, que es completamente único, y lo colocáramos extremo con extremo, mediría el doble del diámetro del sistema solar.

¿Estás seguro de que nunca has experimentado un milagro?

¡Por favor! Perdón —no me pude resistir. ¡Gracias por darme el gusto!

En una oportunidad, el autor y filósofo inglés G. K. Chesterton dijo que su objetivo en la vida era no dar nada por sentado, ni siquiera un amanecer, una sonrisa o un segundo. "La idea de dar las *gracias* por las cosas en lugar de dar las cosas por sentado" fue a lo que llamó "la idea principal de mi vida".[6]

¿Estás dando las cosas por sentado?

¿O estás dando las *gracias* por ellas?

Chesterton también dijo: "Los adultos no son lo suficientemente fuertes como para regocijarse con la monotonía. ¿Será que cada mañana Dios le dice al sol 'Hazlo una vez más' y que cada tarde le dice a la luna 'Hazlo una vez más'? Quizás la repetición en la naturaleza no sea una simple repetición, sino un bis teatral".[7]

¿Y si abordamos cada día como si fuera un bis? Porque de eso se trata, ¿o no? Nunca antes sucedió y nunca más volverá a suceder. ¡La gratitud implica vivir cada día como si fuera el primer y último día de tu vida!

El poeta francés Jacques Réda solía pasear por las calles de París con el objetivo de ver algo nuevo cada día. De esa manera, renovó su aprecio por la ciudad que amaba.[8] Sin este tipo de intencionalidad, no vemos las bendiciones que nos rodean. El término técnico sería *ceguera por falta de atención*. No podemos ver lo que está delante de nosotros.

Elizabeth Barrett Browning escribió:

La Tierra desborda de cielo
y cada arbusto arde de Dios,
pero solo quienes ven se quitan las sandalias.
El resto holgazanea y recoge moras.[9]

¿Te quitas las sandalias?

¿U holgazaneas y recoges moras?

Hay un aforismo que dice así: *haz una pausa para sentir la fragancia de las rosas*. La etimología se remonta a Walter Hagen, un golfista profesional que ganó once torneos mayores. "No te apresures. No te preocupes. Y asegúrate de sentir la fragancia de las flores a lo largo del camino".[10] Este aforismo nos exhorta a desacelerar y disfrutar la vida. En otras palabras, ¡disfruta el viaje! Jesús lo dijo de esta manera: "Observen cómo crecen los lirios del campo".[11]

Hace muchos años, un estudiante de intercambio de la India se congregaba en nuestra iglesia. Nunca había visto la nieve;

entonces, cuando había pronóstico de una nevisca, ponía la alarma a las tres de la mañana. ¿Por qué? ¡No quería perderse el milagro! Cuando me enteré, solté una risa. Luego, me sentí culpable porque ignoraba aquello que él disfrutaba profundamente.

¿Recuerdas el refrán que dice ¡*La belleza está en los ojos del espectador!*? Es totalmente cierto.

¿Cuándo fue la última vez que hiciste ángeles de nieve? ¿O que disfrutaste de un atardecer como un acto de adoración? ¿O que te maravillaste durante algunos minutos con un bebé dormido? ¿O que contemplaste el cielo nocturno? ¿O que disfrutaste de la risa de un ser querido?

11

Respira

En cada respiración, literalmente estamos
inhalando la historia del mundo.
—SAM KEAN

Respira.

No pensamos mucho en la respiración, a menos que nos estemos atragantando o ahogando o estemos practicando senderismo en altitud. Una persona promedio inhala y exhala cada cuatro segundos. Eso significa veintiún mil seiscientas respiraciones por día. La mayoría de nosotros sumará unas 621 180 360 respiraciones durante toda la vida. Pero ¿quién lleva la cuenta?

Hay pocas cosas más banales que la respiración; sin embargo, solo algunas son más milagrosas. En cada respiración, inhalamos medio litro de aire que contiene veinticinco mil trillones de moléculas.[1] Eso equivale a más moléculas que toda la arena de todas las playas del planeta Tierra, incluidos los castillos de arena.

Respira de nuevo.

La superficie de los pulmones, con todos sus recovecos y grietas, es del mismo tamaño de una cancha de tenis.[2] Las vías respiratorias, desde la tráquea hasta los bronquios, equivalen a mil quinientas millas. Sam Kean manifestó: "Ni siquiera todas las carreteras, todos los canales y todos los aeropuertos del mundo durante toda la historia de la humanidad han tenido tanto tráfico como tienen nuestros pulmones cada segundo".[3]

En cada respiración, inhalamos una compleja combinación de moléculas. El oxígeno, por supuesto, es el más famoso. No puedes vivir más de unos pocos minutos sin oxígeno y, una vez que lo inhalas, los glóbulos rojos reparten estos átomos vitales cual servicio de entrega urgente de Amazon Prime. A propósito de Amazon, la empresa cuenta con una flota de cuarenta mil camiones, treinta mil camionetas, setenta aviones y quién sabe cuántos drones.[4] Esto es tremendamente impresionante, pero no es nada en comparación con el ser humano. Tienes veinticinco billones de glóbulos rojos y cada glóbulo rojo contiene doscientos cuarenta millones de proteínas de hemoglobina[5] que reparten los átomos de oxígeno a tiempo, una y otra vez, en todo momento.

Cuando exhalamos, pareciera que nuestra respiración se esfuma y se transforma en aire, pero las moléculas que la componen todavía existen. En condiciones normales, el aire que inhalamos y exhalamos queda atrapado en los vientos preponderantes y da vueltas alrededor de la Tierra durante unas dos semanas en la misma latitud. "En un término de dos meses, estas moléculas cubren todo el hemisferio Norte y, en uno o dos años, toda la Tierra".[6]

El autor Sam Kean reflexiona en su libro *El último aliento de César* acerca de la respiración, y redefine la manera en que entendemos el aire que nos rodea. "En cada respiración, literalmente estamos inhalando la historia del mundo. El 15 de marzo del año 44 a. C., Julio César murió en el suelo del Senado tras haber sido apuñalado, pero la historia de su último aliento todavía está desarrollándose; de hecho, es probable que ahora mismo estemos inhalando parte de ese aire tan especial. De entre los sextillones de moléculas que entran o salen de tus pulmones en este momento, algunas podrían contener trazas de los perfumes de Cleopatra".[7]

Respira una vez más.

Llena tus pulmones como si estuvieras inflando un globo de cumpleaños. ¿Sientes cómo se expanden hasta su capacidad máxima? La historia que inhalamos puede ser invisible, pero el efecto fisiológico es visceral. Respirar profundamente calma los nervios y nos ayuda a enfocarnos. Alivia el estrés y el dolor. Reinicia nuestro estado mental y recalibra nuestro estado emocional. Una respiración profunda envía al cuerpo una señal de que estamos a salvo.

La respiración es controlada por el sistema nervioso autónomo. Por ese motivo, sucede de forma automática, incluso cuando dormimos. Esto es verdaderamente asombroso. Sin embargo, puedes cambiar de control automático a manual con una respiración profunda.

El sistema nervioso autónomo cuenta con procesadores paralelos. Por un lado, el sistema simpático se ocupa del reflejo de lucha o huida, funciona como una alarma contra incendios y activa la adrenalina. Por otro lado, el sistema parasimpático hace todo lo contrario: induce descanso y relajación, al igual que la música de un spa y los difusores aromáticos. Segrega hormonas que nos hacen sentir bien, como la serotonina y la oxitocina.

Ahora, combina esa información con lo siguiente.

La mayoría de los nervios que están conectados al sistema simpático están ubicados en la parte superior de los pulmones. Cuando damos respiros poco profundos, estimulamos la respuesta de lucha o huida debido a que la mayoría de los nervios que están conectados al sistema parasimpático están ubicados en la parte inferior de los pulmones. Para activar el descanso y la relajación, debes respirar profundamente. Esto funciona cuando practicas deportes, apaciguas una discusión fuerte o meditas en las Escrituras. Una respiración profunda recalibra el cuerpo, el alma y el espíritu.

¡Que todo lo que respira alabe al Señor![8]

Este es el último versículo del último salmo, y me encanta por muchos motivos. Si estás respirando, significa que Dios aún no ha terminado su obra en ti. Nunca es demasiado tarde para convertirte en la persona que podrías haber sido. También se trata de una invitación a adorar. No necesitamos las letras de las canciones en una pantalla ni una banda sobre el escenario. Solo necesitamos nuestra respiración, que es un motivo más que suficiente para adorar a Dios.

¿Un interesante comentario al margen?

En hebreo, el nombre de Dios es Yahweh. No lo pronunciaban porque consideraban que era demasiado sagrado; entonces, eliminaron las vocales. Solo quedaron las consonantes: YHWH. Según algunos estudiosos, YHWH es sinónimo del sonido que emitimos al respirar. Por un lado, el nombre es demasiado sagrado como para pronunciarlo. Por el otro, lo susurramos cada vez que respiramos. Es nuestra primera palabra, nuestra última palabra y cada palabra en el medio.

Parte de mi interés por la respiración surgió porque tuve asma durante cuarenta años. Luego de haber hecho una oración valiente, una oración que ya había hecho cientos de veces, Dios me sanó los pulmones el 2 de julio de 2016. ¡No he vuelto a tocar un inhalador desde ese día! No doy por sentada ninguna respiración, pero déjame contarte algo que aprendí en el camino: *alaba a Dios por los milagros parciales*.

En los evangelios, hay un milagro que sucede en dos partes, lo cual es fascinante y alentador.[9] Jesús pone las manos sobre un hombre ciego, y el hombre experimenta un milagro. Su visión se restaura, pero no por completo. Las personas aún parecían árboles que caminaban. Podríamos decir que tenía una visión 20/100. En esa instancia, muchos de nosotros dudamos de Dios en vez de alabarlo por el milagro parcial. Muchos nos rendimos porque no recibimos el milagro completo. Presta atención: incluso Jesús tuvo que orar de nuevo. Algunos milagros ocurren en etapas. En esos momentos, debemos duplicar la oración y el ayuno A menudo, no alabamos cuando recibimos milagros parciales y, luego, nos preguntamos por qué no recibimos el milagro completo. ¿Por qué no alabar a Dios en cada paso del camino, aunque hagas dos pasos hacia delante y uno hacia atrás?

El 2 de julio de 2016, hice una oración valiente y Dios me sanó los pulmones por completo. Sin embargo, hay una historia de fondo que involucra un milagro parcial. Un mes antes, practiqué senderismo en la montaña Cadillac en el estado de Maine. No era la montaña más alta que había subido, pero lo hice sin la ayuda del inhalador. Para mí, eso era increíble. De hecho, no usé el inhalador durante cuatro días seguidos, el período más prolongado de mi vida hasta ese momento. Incluso me preguntaba si Dios me había sanado, pero el quinto día tuve que usar el inhalador de rescate.

Haber tenido que usar el inhalador fue un golpe duro. Pero, en lugar de enfocarme en eso, decidí alabar a Dios porque no había necesitado el inhalador por cuatro días. De hecho, alabé a Dios por ese milagro parcial públicamente en una noche de oración. Menos de una semana después, Dios me sanó de asma. ¿Fue una coincidencia? No lo creo. Haber alabado a Dios por el milagro parcial puede parecer un pequeño paso, pero fue un salto enorme hacia la bendición de dos pulmones sanos.

Cuando alabas a Dios por los milagros parciales, profetizas por medio de la alabanza. La gratitud se trata de alabar a Dios *después* de que Él haya hecho el milagro. La fe se trata de alabarlo *antes* de que lo haya hecho. ¡Lo alabamos por anticipado! Agradece a Dios antes de que suceda y, luego, observa lo que ocurre. Es posible que ese agradecimiento tenga un efecto dominó.

¿Hay algún milagro parcial por el cual debas alabar a Dios? Respira profundamente.

Ahora, ¡haz una oración valiente!

12
Reintroducción diaria

Tengo todas las edades, hasta la mía.
—MORRIE SCHWARTZ

Wilson Bentley tomó la primera microfotografía de un copo de nieve el 15 de enero de 1885 y afirmó: "Con el microscopio, descubrí que los copos de nieves eran milagros de belleza. Cada cristal era una obra de arte y su diseño nunca se repetía".[1] Bentley tenía razón: ningún copo de nieve es igual a otro. Los científicos estiman que existen alrededor de 10^{158} variantes de copos de nieve. ¡Eso representa 10^{70} variedades más de las variedades de átomos que hay en el universo![2]

El *curriculum vitae* de Wilson Bentley incluye 5,381 fotografías de copos de nieve, de las cuales 2,300 se publicaron en su obra maestra *Snow Crystals* [Cristales de nieve]. Y su santa curiosidad nunca menguó. De hecho, falleció de la manera en que vivió. Tras haber caminado seis millas a través de una tormenta de nieve, contrajo neumonía y falleció el 23 de diciembre de 1931. ¡Qué manera de partir! ¡Haciendo lo que amaba!

Según el lingüista Lucien Schneider, el dialecto Inuit (propio de los pueblos que habitan la región ártica del norte del continente americano) tiene al menos doce palabras distintas para referirse a la nieve.[3] ¿Por qué? Porque aprecian y comprenden los matices de los distintos tipos de nieve. En ese mismo sentido, los lingüistas han identificado un sesgo negativo en la distribución de las palabras: "Hay más sinónimos para un concepto negativo, como el dolor, que para la palabra opuesta, el placer".[4] Aquí está el desafío.

¡Nuestra gratitud es demasiado genérica! Celebramos la nieve cuando podríamos celebrar cada cristal en cada copo de nieve. ¿Piensas que estoy exagerando? No lo creo. Así es como los judíos ortodoxos pronunciaban cien bendiciones por día. Debes analizar tu alabanza. Debes matizar tus *gracias*.

Los judíos bendecían los alimentos *antes* y *después* de comerlos. Agradecían a Dios por los distintos ingredientes, en lugar de hacerlo por el plato principal únicamente. También celebraban los olores y los gustos. Al igual que cuando te disculpas, cuanto más específico sea tu *gracias*, más poderoso será. A la hora de expresar *por favor*, *perdón* y *gracias*, ser específico es la clave.

¿Y si hiciéramos eso con los alimentos? En vez de agradecer a Dios por los dulces de mantequilla de maní de la marca Reese, podríamos agradecerle por el chocolate y por la mantequilla de maní. ¡Una combinación maravillosa! Ya que estamos hablando de los dulces de mantequilla de maní, piensa por un momento en H. B. Reese, quien los inventó en 1928. Por cierto, tenía dieciséis hijos que, seguramente, lo deben de haber ayudado a probar los dulces.

"Ningún hombre puede cruzar el mismo río dos veces, porque ni el hombre ni el agua serán los mismos", afirmaba el filósofo griego Heráclito. Esto aplica para todo, ¿no lo crees? Uno de los secretos del *gracias* es vivir cada día como si fuera el primer y el último día de tu vida. ¡Así viven los ángeles!

Tributen al Señor, seres celestiales, tributen al Señor la gloria y el poder.[5]

Nikola Tesla es uno de los inventores más importantes de la historia. Recibió más de cien patentes estadounidenses. Su invento más famoso, la corriente alterna, es el sistema energético que suministra energía eléctrica a nuestros hogares mediante tomas de corriente. Cada vez que accionas un interruptor, le debes un *gracias* a Tesla.

Tesla tenía un ritual que resulta revelador e inspirador a la vez. Durante las tormentas, se sentaba cerca de una ventana en su hogar. En cada trueno y en cada relámpago, se paraba y aplaudía a Dios. Un genio ovacionaba a otro Genio.

Para que quede constancia, hay aproximadamente dos mil tormentas eléctricas en la Tierra en todo momento. Además, hay alrededor de cien relámpagos por segundo, es decir, ¡8,64 millones de relámpagos por día! Eso equivale a muchísimas ovaciones de pie, pero, según el salmista, los ángeles tributan al Señor después de cada uno de ellos.

¿Cuándo fue la última vez que aplaudiste al Creador? ¿Cuándo fue la última vez que le regalaste una ovación de pie? ¿Cuándo fue la última vez que agradeciste a Dios por la sonrisa de un bebé, la risa de un niño o la caricia de tu pareja? ¿Cuándo fue la última vez que te asombraste tanto con el cielo nocturno, las hojas del otoño, las montañas nevadas o las olas del océano que —maravillado— alabaste al Creador?

"La adoración es un asombro trascendente. Un asombro que no tiene límites ni medidas; eso es la adoración", escribió el ensayista escocés Thomas Carlyle.[6] Carlyle la comparó con un hombre que vivió durante toda la vida dentro de una cueva que sale por primera vez y presencia el amanecer. El hombre de la cueva miraría con embelesada atención el espectáculo que nosotros miramos a diario con indiferencia.

Una teología del *gracias* comienza con lo que damos por sentado. Implica cultivar una profunda gratitud por lo que ignoramos y subestimamos. ¡El amanecer es un gran ejemplo!

En este mismo instante, la Tierra está girando sobre su propio eje a mil millas por hora. Sin embargo, de alguna manera, mantienes el equilibrio. El planeta Tierra viaja por el espacio a sesenta y siete mil millas por hora y ni siquiera te mareas. Si eso no es un milagro, no sé qué puede serlo. Incluso los días en los que no haces mucho, viajas 1,6 millones de millas a través del espacio. ¡Qué buena noticia!

¿Cuándo fue la última vez que agradeciste a Dios por mantenernos en órbita? ¿Cuándo fue la última vez que te arrodillaste al final del día y dijiste: "Señor, no sabía si lograríamos hacer la rotación completa hoy, pero lo has hecho de nuevo"? No hacemos ese tipo de oraciones. ¿Por qué? Porque Dios es tan bueno en su trabajo que lo damos por sentado. ¡Quizás deberíamos tributar como los ángeles!

"El secreto del amor, así como de la sensación de gozo y gratitud hacia la vida", escribió M. J. Ryan, "es ver, sentir y escuchar como si fuera la primera vez. Antes de que las escamas de lo rutinario nublaran el radiante cielo azul que se ve a través de la ventana de la oficina, el jugo ácido de una naranja o la suavidad de las manos de un ser querido. Antes de que te acostumbraras a sus palabras amables y su risa musical, y estas se volvieran invisibles".[7]

Deseo que te enamores de nuevo. ¿De qué? ¡De todo y de todos!

Como dijo John O'Donohue: "Las relaciones sufren un importante adormecimiento debido al mecanismo de la familiarización".[8] Gabriel García Márquez, ganador del Premio Nobel, dijo una vez acerca de su esposa, Mercedes: "Siento que la conozco menos cuanto más la conozco".[9]

Según un estudio, un matrimonio promedio dedica veintisiete minutos a una conversación significativa.[10] No, no por día, sino por semana. No es ninguna novedad, pero cambiamos todos los días. Quizás el cambio no sea cuantificable, pero no soy quien era ayer. Y tú tampoco. Scott y Jill Bolinder lo dicen así: "Todos los días cambiamos como persona en función de la experiencia de ese día. A fin de construir una relación de pareja madura, cada día debemos tomarnos el tiempo para volver a presentarnos el uno al otro".[11] La idea de volver a presentarnos a diario es poderosa y la podemos aplicar en muchos escenarios.

Tan solo unas semanas después de su milagrosa liberación de Egipto, los israelitas empezaron a quejarse por el maná. Si no me equivoco, ¡el maná era un *milagro*! Los israelitas estaban quejándose por un *milagro*. Suena increíble, ¿no? Bueno, no te apresures en juzgarlos porque caemos en la misma trampa. ¿No es milagroso el matrimonio? ¿Los niños? ¿El cuerpo humano? ¿La mente humana? Y apuesto a que te has quejado por alguno de estos temas.

Los israelitas protestaban: "¡Cómo echamos de menos el pescado que comíamos gratis en Egipto! ¡También comíamos pepinos y melones, y puerros, cebollas y ajos!".[12] ¿En serio? Todo eso era gratis porque *ustedes eran esclavos*. El problema de Israel, nuestro problema, es la memoria selectiva.

En conclusión, no vemos el mundo como es, sino como somos nosotros. Si buscas un motivo para quejarte, siempre lo encontrarás. Si buscas un motivo para agradecer, siempre lo encontrarás. Tus palabras, ya sean quejas o agradecimientos, crean tu mundo interior.

¿Hay algo que estés dando por sentado?

¿Te estás quejando por algún milagro?

¿Hay algo por lo que debas aplaudir a Dios?

¡Haz como Tesla y regálale a Dios una ovación de pie!

13

La actitud detrás de la gratitud

Cuanto más he observado el cristianismo,
más me he visto que, si bien ha establecido
una regla y un orden, el objetivo principal
de ese orden era dar lugar a que las cosas
buenas se fueran de control.
—G. K. CHESTERTON

En el año 1942, los nazis arrestaron a un psiquiatra austríaco llamado Viktor Frankl, quien luego pasaría tres años en cuatro campos de concentración distintos, incluido el famoso campo de concentración de Auschwitz. Le arrebataron sus pertenencias, su ropa e, incluso, su nombre. Redujeron su existencia a un número: prisionero 119 104. Su madre, su padre y su esposa fallecieron en esos campos de concentración.

Un año después de su liberación, Viktor Frankl escribió un libro titulado *El hombre en busca de sentido*. La Biblioteca del Congreso de los Estados Unidos llevó a cabo una encuesta y determinó que el libro está entre los diez libros más influyentes de la historia del país.[1] Allí, Frankl cuenta el secreto detrás de su supervivencia: "Al hombre se le puede arrebatar todo, menos la libertad suprema del ser humano: elegir su actitud frente a las circunstancias".[2]

En la psicología, la salud mental oscila de florecimiento a depresión. El florecimiento se demuestra en el optimismo, la empatía y la autenticidad. Se trata de gozo interno, autoestima y un sólido sentido de propósito. En el otro extremo del espectro está la depresión, que se demuestra en la desesperanza y la impotencia. Es la sensación de que lo mejor ya ocurrió.

Entre el florecimiento y la depresión está la languidez: "el hijo ignorado de la salud mental". No es una enfermedad mental, pero tampoco es plenitud mental. Es la apatía en lugar de la empatía. Es tierra de nadie. Es sentirse aburrido. Implica falta de enfoque, falta de motivación y falta de visión.[3]

Hay muchas causas para este estado de languidez, pero me centraré en dos. Una es la soledad y la otra es la falta de propósito. ¿Recuerdas cuando Elías venció a los cuatrocientos cincuenta profetas de Baal? Uno imagina que Elías debe de haber estado tocando el cielo con las manos, pero cayó en una profunda depresión. Seamos justos, recibía amenazas de muerte de la reina Jezabel. Cuando alguien intenta asesinarte, probablemente tu salud mental se vea afectada. Sin embargo, hay otro factor que solemos ignorar: "Luego siguió solo todo el día hasta llegar al desierto".[4]

¿Lo notaste? Elías estaba en el desierto completamente solo. Nunca antes habíamos estado tan conectados como ahora, *gracias* a la tecnología. No obstante, nunca antes habíamos estado tan desconectados. ¿Por qué? Porque la conexión digital no es suficiente. En realidad, creo que la distancia que producen los dispositivos electrónicos puede hacer que nos demonicemos unos a los otros. Listo; lo dije.

Friedrich Nietzsche dijo: "Quien tiene un *porqué* para vivir encontrará casi siempre un *cómo*".[5] En ese sentido, si estamos con las personas indicadas, podremos soportar casi cualquier dificultad. Durante el éxodo, los israelitas tuvieron que luchar contra los amalecitas. Entonces, Moisés intercedió por ellos, pero se le cansaron los brazos. En ese momento, Aarón y Jur le sostuvieron los brazos y, mientras lo hacían, los israelitas prevalecían.[6] Todos necesitamos a un Aarón y a un Jur de vez en cuando. Necesitamos a alguien que nos sostenga cuando nos sentimos cansados.

Hace poco completé mi primera carrera de ciclismo Century. Pedaleé cien millas durante unas seis horas junto a otros ciento ochenta ciclistas. En las últimas cincuenta millas, empecé a dudar si mi entrenamiento era suficiente. Cuando faltaban siete millas, debía subir una colina y mis cuádriceps empezaron a acalambrarse. Había quedado detrás del grupo cuando el organizador de la carrera, Jeff Zaugg, se acercó para ayudarme. No solo me dio una charla motivacional, sino que me permitió ir detrás de él colina arriba. Jeff es muy alto; por lo tanto, ese aliento me ayudó muchísimo.

Todos necesitamos aliento, ¿no lo crees? Necesitamos a alguien que nos ayude a llevar nuestra carga. Necesitamos a alguien que nos dé impulso. Necesitamos a alguien que nos levante cuando estemos a punto de tirar la toalla.

Quítame la vida, pues no soy mejor que mis antepasados.[7]

¡Esa forma de pensar apesta! Elías se hundió en la autocompasión y su problema era la falta de propósito. "Donde no hay visión, el pueblo se extravía".[8] La palabra extraviar hace referencia a alguien que no sabe hacia dónde ir. La visión es una brújula que guía en el camino. La mejor manera de dejar de pecar no es simplemente dejar de pecar. Eso funcionará durante una o dos semanas. Necesitas una visión más importante y más grande que la tentación que enfrentas.

Carl Jung creía que los problemas que parecen insuperables no pueden resolverse, sino que deben superarse.[9] Debemos descubrir que hay algo más importante que el problema. En otras palabras, necesitamos un propósito que redima nuestro dolor. Cuando encontramos nuestro propósito, el problema pierde su poder y desaparece.

Cuando los israelitas estaban esclavizados en Egipto, sus amos les hacían la vida imposible. Estaban tan desalentados que no había manera de alentarlos. Aunque no los podemos culpar porque, cuando solo conoces la esclavitud, es difícil imaginar que existe algo mejor. A pesar de la promesa de la liberación, los israelitas estaban abatidos.

Por su desánimo y las penurias de su esclavitud ellos no le hicieron caso.[10]

En una traducción se usa la expresión "congoja de espíritu".[11] En hebreo, se dice *qotser ruach* y puede traducirse de dos maneras: falta de espíritu o falta de aliento. La respiración de los israelitas era poco profunda. ¿Recuerdas el sistema nervioso simpático? Una y otra vez, los israelitas intentaban recuperar el aliento que perdían debido a sus tareas agotadoras. La frase *qotser ruach* también puede traducirse como "sin voz". Sin aliento, uno no puede hablar.

¿Estás en un estado de languidez?

¿O estás floreciendo?

¡El punto de inflexión está en las *gracias*! Esta es la diferencia entre la positividad y la negatividad. Recuerda: diez personas negativas dejaron a los israelitas fuera de la tierra prometida. ¡Fue la negatividad de los diez espías lo que dejó a Israel en el desierto! La positividad no es únicamente una función de la personalidad, sino también de la teología.

Tal como yo lo veo, vivimos en la intersección de dos teologías o dos realidades. La *fidelidad* de Dios nos persigue desde el pasado. *Hasta ahora, todo bien.* "La bondad y el amor me seguirán todos los días de mi vida".[12] Y la *soberanía* de Dios nos prepara para el futuro. *Lo mejor está por venir,* "Porque somos hechura de Dios, creados en Cristo Jesús para buenas obras, las cuales Dios dispuso de antemano a fin de que las pongamos en práctica".[13] En conclusión, Dios está en control. Dios te respalda.

¿Dónde está tu confianza? ¿En tu educación? ¿En tu experiencia laboral? ¿En tu cuenta bancaria? ¿O en las promesas de Dios? ¿En el carácter de Dios, su bondad y su fidelidad? Lo cierto es que mi autoconfianza está debajo de la media. Sin embargo, mi confianza en Dios está por las nubes. He visto tantos milagros que siempre estoy esperando el próximo. No me digas que Dios no puede hacerlo. ¡Él todo lo puede! La positividad implica pararse sobre las promesas de Dios.

La duda nace cuando permites que las circunstancias se interpongan entre tu vida y Dios. No te recomiendo que ignores la realidad. Debes confrontar los hechos, pero debes hacerlo con fe inquebrantable.[14] La fe implica poner a Dios entre tu vida y tus circunstancias.

No hay una solución rápida para pasar del estado de languidez al florecimiento. Pero de algo estoy seguro: no lo lograrás sin gratitud. No puedes controlar las circunstancias, pero puedes controlar tu respuesta. La gratitud es la diferencia entre el resentimiento y el crecimiento.

J. I. Packer cursó su doctorado en la Universidad de Oxford, donde estudió bajo la tutela de C. S. Lewis. Fue el editor general de la Versión Revisada en Inglés de la Biblia. Escribió más de cincuenta libros, incluido el clásico *Hacia el conocimiento de Dios*, y enseñó teología en la facultad de Regent College en Vancouver (Canadá) durante unas cuatro décadas. Comparto contigo su experiencia laboral porque ayuda a procesar su frase: "El propósito de la teología es la doxología". Punto final.

Packer empezaba sus clases con un canto de doxología. La teología es el estudio de Dios, pero su objetivo no es el conocimiento. "El conocimiento envanece".[15] ¡El objetivo es la alabanza! Donde no hay alabanza asoma el orgullo. La falta de alabanza deja lugar para el dolor. La teología que no conduce a la doxología es un estancamiento espiritual. La mayoría de nosotros sabemos que debemos obedecer. No necesitamos saber más, sino hacer más con lo que sabemos. Quizás podría decir que necesitamos alabar más con lo que sabemos.

En su libro *Mozart's Brain and the Fighter Pilot (El cerebro de Mozart y el piloto de combate): aprender más para ver más*, Richard Restak comparte un tópico profundo: *Aprender más para ver más*. "Cuanto más conocimiento sobre la flora y fauna del bosque tenga", decía, "más podré ver". Y continúa diciendo: "Nuestras percepciones adquieren su riqueza y profundidad de todo lo que hemos aprendido... Lo que el ojo ve está determinado por lo que el cerebro ha aprendido".[16]

Cuando los astrónomos observan el cielo nocturno, tienen un mayor aprecio por las constelaciones. Ven más porque saben más. Cuando los músicos escuchan una sinfonía, tienen un mayor aprecio por los acordes. Escuchan más porque saben más. Cuando un *sommelier* prueba un vino, valora más su textura. Percibe más porque sabe más.

Recientemente, en el estado de Florida, la inmensa variedad de árboles despertó mi curiosidad. Descargué una aplicación en el teléfono que me permitió identificarlos. La tecnología es maravillosa. Durante el resto del viaje, Lora me dio el gusto de preguntar una y otra vez: "¿Sabes qué tipo de árbol es este?". Por cierto, los banianos son mis preferidos, ¡son hermosos!

Aprender más para ver más.

¿Sabías que los cantos de las ballenas viajan hasta diez mil millas por debajo del agua? Quizás no comprendas mi asombro, pero creo que es sorprendente. Además, no son únicamente cantantes subacuáticos. Los ictiólogos han descubierto que determinadas especies de peces cantan juntas al amanecer y al atardecer.[17] Aunque no esté relacionado con el canto, los pulpos son los amos del camuflaje y tienen tres corazones y nueves cerebros.[18] Lo siento, estos temas me apasionan. Si aún no has visto el documental ganador del Oscar *My Octopus Teacher* [Mi maestro el pulpo], hazte el favor de mirarlo.

¿Y si nos divertimos un poco?

El zorzal o tordo macho puede armonizar utilizando pares de notas de los dos lados de su laringe con forma de "y" en simultáneo.[19] El cuitlacoche rojizo cuenta con un repertorio de más de dos mil canciones.[20] El charlatán macho, al terminar su migración de seis mil millas, canta una canción de tres segundos y medio para marcar su territorio y atraer a una pareja.[21]

> Y oí a cuanta criatura hay en el cielo, y en la tierra, y debajo de la tierra y en el mar, a todos en la creación, que cantaban: "¡Al que está sentado en el trono y al Cordero, sean la alabanza y la honra, la gloria y el poder, por los siglos de los siglos!".[22]

¿Notaste las cuatro dimensiones? La canción de la creación tiene cuatro dimensiones: en el cielo, en la tierra, debajo de la tierra y en el mar. Aunque no lo podamos escuchar, está sucediendo. Y no me refiero a las canciones de Beyoncé que suenan en la radio.

Cada átomo del universo canta una canción única. Según Arnold Summerfield, un físico y pianista alemán, un único átomo de hidrógeno emite más frecuencias que un piano de cola. Un piano de cola tiene ochenta y ocho teclas o frecuencias, mientras que un átomo de hidrógeno emite un ciento de frecuencias.

En su libro *A Cup of Coffee at the Soul Café*, Leonard Sweet afirma que el átomo de carbono produce la misma escala armónica que los cantos gregorianos. Este es un llamado a la reflexión. Leonard Sweet se preguntó: "¿Será que toda la vida basada en el carbono está compuesta a partir de los cantos gregorianos?".[23]

En el primer año de mis estudios en la Universidad de Chicago, asistí a clases de inmunología en el Centro Hospitalario de la Universidad de Chicago. Hasta el día de hoy, es mi asignatura preferida de esa época. Hizo que quisiera ser un médico, al menos durante un semestre. Por supuesto que, para eso, tendría que haberme inscrito en la facultad de medicina. En cambio, decidí estudiar para ser un doctor en ministerio.

No sé si mi profesor de inmunología creía en el diseño inteligente, pero cada clase parecía una exégesis del Salmo 139:14. "¡Te alabo porque soy una creación admirable!". Recuerdo que, al salir de una de sus clases, comencé a alabar a Dios por la hemoglobina. Sí, la hemoglobina. Esa clase me dio un enorme aprecio por los aspectos más intricados del cuerpo humano. También hizo que concibiera la convicción de que *cada -logía es una rama de la teología*. Cada pulgada cuadrada de la creación revela una dimensión única de la personalidad y la creatividad de Dios.[24]

A. W. Tozer dijo: "Ni siquiera la eternidad nos alcanzará para descubrir todo lo que Dios es ni para alabarlo por todo lo que ha hecho".[25] Si Tozer está en lo cierto, ¿qué esperas? Así como la obediencia tardía es desobediencia, la gratitud tardía es ingratitud. ¡Dios se merece nuestra alabanza cada segundo de cada minuto de cada hora de cada día!

Hace poco leí un libro de A. J. Jacobs llamado *Thanks a Thousand* ('Gracias miles'). Decidió agradecer a cada una de las personas que hicieron posible su taza de café del desayuno. No únicamente al barista que prepara el café con la prensa francesa o con la cafetera. Hay una cadena de producción detrás de cada taza de café que comienza con los cafetaleros, pero también incluye a los camioneros, los supervisores de los depósitos, los operadores de montacargas y los tostadores de café. ¡Jacobs agradeció a un total de 964 personas![26] Por supuesto que no pudo agradecer a todos. Por ejemplo, no pudo agradecer al pastor etíope que descubrió los granos de café.

Debo admitir que ese proyecto de gratitud me hizo pensar. Cada gratitud tiene una genealogía y, cuando comprendes el trasfondo de la bendición, esta es más agradable. Tu *gracias* te lleva a una nueva dimensión, a un nuevo nivel de autenticidad. Y, al igual que el conjunto de Mandelbrot, es infinitamente complejo.

La gratitud es un regalo que no se acaba. Al igual que el vino, los buenos recuerdos mejoran con el tiempo. A veces, un simple *gracias* no es suficiente.

¿Qué sucedería si nos propusiéramos agradecer a cada una de las personas que han tenido un impacto positivo en nuestra vida? Lo sé, te llevaría el resto de tu vida y sería difícil encontrar a algunas personas, como el personal médico y de enfermería que te recibió en tu nacimiento. ¿Pero por qué no eliges a algunas personas y les das las gracias?

Hace muchos años, cené con Brett Favre, quien llegó a ser el jugador mejor valorado de la NFL. Era muy humilde, así que no me sorprendió el discurso que dio cuando entró en el Salón de la Fama. Habló unos treinta y seis minutos y dijo "gracias" al menos treinta y cinco veces. Agradeció a su familia. Agradeció a sus entrenadores y compañeros. Agradeció a sus admiradores. Agradeció al entrenador que lo enlistó en la universidad. ¡Incluso agradeció al padrino de su boda!

¿Quién ha dejado su marca en tu alma? ¿Quién creyó en ti cuando nadie lo hacía? ¿Quién estuvo contigo en las buenas y en las malas? Haz una lista, búscalos y diles "gracias".

Hace poco tuve una conversación con mi entrenador de básquetbol de la escuela, Bob Sterr. Hacía dos décadas que no hablábamos. ¿Sabes qué es lo que más recuerdo de él? Cuando terminé la escuela secundaria, fue a verme jugar en la universidad. Nunca olvidaré eso y quería que él lo supiera. Hizo la milla extra y eso me marcó. Decirle "gracias" cerró un ciclo.

No puedo prometer que la gratitud arreglará tus problemas, pero es un buen punto de partida. La gratitud no es obtener lo que uno quiere, sino apreciar lo que uno tiene. Además de los beneficios que ya mencionamos, la gratitud puede reducir el estrés, resolver conflictos y revertir el envejecimiento. Según el Dr. Bill Malarkey, profesor emérito de endocrinología de la Universidad del Estado de Ohio: "El estrés es el factor determinante más importante del envejecimiento. ¡El antídoto del estrés es la gratitud!". Quizás Ponce de León buscó en el lugar equivocado. La fuente de la juventud no es un lugar, sino la actitud de la gratitud.

¿A quién debes agradecer?

¿Qué estás esperando?

14

Compartir la bendición

Nadie se ha vuelto pobre por dar.
—Ana Frank

Hace unas décadas, la Universidad de Cornell hizo un estudio llamado "Endulzar la caja registradora: el uso de dulces para aumentar las propinas en los restaurantes".[1] Los clientes que reciben dulces junto con la cuenta dan más propina que quienes no reciben dulces. Creo que no era necesario hacer un estudio para llegar a esa conclusión, pero la generosidad produce generosidad.

¿Recuerdas a John Bargh y la idea de la imprimación? No solo producimos una impresión con nuestras palabras, sino también con nuestras acciones. Se trata de la ley de reciprocidad. Cuando alguien recibe algo, siente la obligación de devolver el favor. Así está programada el alma del ser humano.

Muchos años atrás, alguien vino a mi oficina y me entregó un regalo. ¡Qué alegría! Sin embargo, estaba un poco confundido porque no era mi cumpleaños ni ninguna otra fecha especial. Mi expresión de desconcierto rogaba por una explicación: "Los sabios traen regalos". Esto me hizo reflexionar. Es difícil negarlo, ¿no?

Vivo según un mantra: *comparte la bendición*. Escribí un libro al respecto, *Doble bendición*, pero esta es la idea principal: somos bendecidos para bendecir a los demás. Lo que Dios hace por nosotros nunca es únicamente para nosotros, siempre es para los demás. Dios no nos bendice para mejorar nuestra calidad de vida, sino para mejorar la calidad de nuestra entrega.

Cuando alguien me bendice, tomo nota de ello, pero no solo para contar la bendición. Intento devolverle el favor compartiendo la bendición con otra persona. Así se expande la gratitud. Si me regalas un auto, no venderé el mío para quedarme con el efectivo, sino que también lo regalaré. ¿Por qué? ¿Y por qué no? Me encanta recibir, pero es mucho mejor dar.

En 1996, el mismo año en que se llevó a cabo el estudio de la Universidad de Cornell, plantábamos una iglesia en Washington DC. Comenzamos en una escuela pública de la ciudad, pero nueve meses después de la puesta en marcha, desembarcamos en una sala de cine en Union Station. Necesitábamos comprar luces para convertir la sala de cine en una iglesia, pero no teníamos dinero para hacerlo. En ese momento, los ingresos de nuestra iglesia eran dos mil dólares por mes y necesitábamos cinco mil para comprar el equipo de iluminación. Nunca olvidaré la donación de esos cinco mil dólares que hizo una iglesia de Hampton, Virginia. Esa donación cambió la trayectoria de nuestra iglesia.

Desde ese momento, la NCC ha donado más de veinticinco millones de dólares a causas del reino. Hemos hecho donaciones grandes y pequeñas, pero las donaciones más significativas son las de cinco mil dólares. Así compartimos la bendición. Así decimos "gracias".

Cuando Lora y yo éramos recién casados y apenas llegábamos a fin de mes, prediqué en una iglesia en Chicago. Después del mensaje, un caballero se acercó para estrecharme la mano, aunque este no fue un simple apretón de manos. Había un billete de veinte dólares escondido dentro de su mano. Lo pasó a la mía y dijo: "Lleva a tu esposa a almorzar afuera". Fue uno de los honorarios más significativos que recibí. Él lo llamaba el apretón de manos pentecostal.

Con el paso del tiempo, he intentado redirigir esa bendición de distintas maneras. A veces, doy el apretón de manos pentecostal que recibí. Otras veces, dejo una propina de más valor que la cuenta. En ocasiones, dejo caer billetes de dos dólares para que los niños los encuentren. Esto puede parecer mala administración del dinero, pero mi inspiración es Booz, quien ordenó a sus segadores que dejaran caer algunas espigas de los manojos para que Rut los encontrara.[2]

¿Qué tiene que ver esto con la gratitud? Si vives una vida de gratitud, cosechas lo que siembras. Con el tiempo, tu generosidad te alcanzará. Es la ley de las medidas, que coincide con la ley de reciprocidad: "Den, y se les dará".[3] No puedes ir en contra de la ley de las medidas; te favorecerá o te perjudicará. Recibes aquello que das. ¡Lo que sea! En pocas palabras, siembra aquello que quieras cosechar.

Es cierto que la Biblia dice que no tienen porque no piden. Pero, si lo único que haces es pedir, tu *por favor* estará vacío. La manera más eficaz de pedir es dar. El rey Salomón dijo: "Con regalos se abren todas las puertas y se llega a la presencia de gente importante".[4]

En el libro *Giftology* [La ciencia del dar], John Ruhlin habla acerca de una ocasión en la que intentó conseguir una entrevista con un ejecutivo de Target. Junto con su equipo, probaron todas las opciones durante dieciocho meses, pero siempre lo rechazaban. John investigó un poco y descubrió que el ejecutivo había estudiado en la Universidad de Minnesota. "Contratamos una empresa que hacía muebles personalizados y le pedimos una pieza de cincuenta pulgadas y sesenta libras de madera de cerezo con la mascota y la canción de la universidad talladas en ella".[5] Al cabo de unas veinticuatro horas, su asistente lo llamó para coordinar una reunión.

¡Ten cuidado con las motivaciones! Si tu creatividad supera tu autenticidad, puede tratarse de una manipulación. Si tus motivaciones son egoístas, se te volverá en contra. Si intentas sumar valor sin segundas intenciones, las puertas se abrirán antes de que puedas decir "¡Ábrete sésamo!". Una vez que des las gracias, deja que las cosas se acomoden solas. Tu *gracias* únicamente será eficaz si es genuino.

¿Puedo hacerte algunas exhortaciones?

1. *No acumules posesiones, acumula experiencias*. Conozco pocas personas poseídas por un demonio, pero conozco muchas personas poseídas por sus posesiones. No dominan sus pertenencias, sino que sus pertenencias los dominan. Winston Churchill afirmó: "Nos ganamos la vida con lo que recibimos, pero creamos una vida con lo que damos".

2. *Mejora tu calidad de vida*. Dios no nos bendice para mejorar nuestra calidad de vida, sino para mejorar la calidad de nuestra entrega. Uno de los momentos decisivos de nuestro camino hacia la generosidad fue cuando dejamos de fijar objetivos de lo que queríamos recibir y comenzamos a fijar objetivos de lo que queríamos dar. Cambió nuestro enfoque de cuánto podíamos ganar a cuánto podíamos dar.

3. *No puedes dar más que Dios*. No creo en el evangelio de la prosperidad. Cuando le agregamos un calificativo al evangelio, en realidad estamos reduciéndolo. No puedes jugar con Dios como si fuera una máquina tragamonedas. Ade-

más, el mayor rendimiento no es monetario, sino el gozo indescriptible y la paz que sobrepasa todo entendimiento. ¡Eso no tiene precio!

Hace unos diez años, Lora y yo decidimos regalar una copia de cada libro que escribiera a cada una de las personas que asisten a nuestra iglesia, National Community Church. Regalamos miles de libros antes de vender la primera copia. Si tienes una mentalidad de escasez, puedes pensar que estamos perdiendo ventas. Esa no es nuestra manera de verlo. Una mentalidad de abundancia reconoce que uno no puede dar más que Dios. Cuanto más des, más te podrá bendecir Dios. No se trata de pedir para recibir. Se trata de la ley de las medidas.

Hay otra ley de igual importancia: la ley de los tesoros.

No acumulen para sí tesoros en la tierra, donde la polilla y el óxido destruyen, y donde los ladrones se meten a robar. Más bien, acumulen para sí tesoros en el cielo, donde ni la polilla ni el óxido carcomen, ni los ladrones se meten a robar. Porque donde esté tu tesoro, allí estará también tu corazón.[6]

¡Dios no necesita tu dinero! Él es el dueño del ganado en miles de colinas e, incluso, es el dueño de las colinas. No necesita tu dinero, pero quiere tu corazón, y esas dos cosas están inexorablemente relacionadas. Los problemas del dinero son problemas del corazón. Así como el rostro le indica al cuerpo cómo debe sentirse, el dinero le dice al corazón qué debe valorar.

Vivimos en una cultura que mide el éxito según la cantidad de dinero que ganas y la cantidad de personas que trabajan para ti. En el reino, el éxito se mide según cuánto das y a cuántas personas sirves.

Si quieres compartir la bendición, debes especializarte en la gratitud. El Talmud lo dice así: "El hombre defrauda a Dios cuando usa este mundo sin bendecir". ¡Los judíos ortodoxos recitan cien bendiciones por día![7]

Existe un antiguo debate entre los lingüistas: "¿Las palabras *reflejan* un estado psicológico o lo *provocan*?".[8] Por si todavía no lo has notado, yo coincido con la segunda opinión. Las palabras no solo crean mundos, sino que también crean nuestro estado psicológico. Un simple *gracias* puede cambiar tu enfoque y cambiar la atmósfera.

Cuando hablamos de "adoración", muchos asocian esta palabra con las canciones que cantamos en la iglesia. Cuando adoramos de esta manera, reflejamos lo que sucede en el cielo. Pero esta es tan solo una dimensión de la adoración. Para mí, la forma más verdadera de adorar no es cantar canciones escritas por otras personas, sino adorar a Dios con mis propias palabras, a mi manera. Por ese motivo, tengo un diario de gratitud. Así capturo mis pensamientos y los alineo con la obediencia a Cristo. Para mí, la gratitud es una disciplina espiritual.

El diario de gratitud es mi manera de dar *gracias* a Dios en toda situación.[9] Es la manera en que entro por sus puertas con acción de *gracias*.[10] Es la manera en que reconozco que toda buena dádiva y todo don perfecto descienden de lo alto.[11] Es la manera en que ofrezco a Dios un sacrificio de alabanza.[12] Es la manera en que canto al Señor un cántico nuevo.[13]

Mi primer trabajo fue en una gasolinera por el salario mínimo. Una de mis responsabilidades era llevar el inventario. Si no lo hacía, las mercancías no se reponían. Del mismo modo, tener un diario de gratitud es la forma en que llevamos el inventario de nuestras bendiciones. Solo entonces podemos compartir la bendición.

Vale la pena repetirlo: las palabras crean mundos. La felicidad no es obtener lo que quieres, sino apreciar lo que tienes. En palabras de Kenton Beshore: "Quiero lo que tengo".[14] Deberíamos repetir esta frase todos los días.

Dar las gracias no implica únicamente mirar hacia atrás, sino mirar hacia delante con expectativa santa. ¿Por qué pudo Jesús soportar la cruz? "Por el gozo que le esperaba". De la misma manera, necesitamos fijar la mirada en Jesús, el "iniciador y perfeccionador de nuestra fe".[15]

La Dra. Emily Balcetis llevó a cabo estudios fascinantes con deportistas de los Juegos Olímpicos y su máximo rendimiento. Cuando los deportistas se enfocan en la meta, sienten que están un 30% más cerca de ella. Quienes se enfocaron en la línea de meta aumentaron su ritmo un 23% e informaron 17% menos dolor.[16] En otras palabras, tu enfoque determina tu realidad.

La mejor manera de corregir tu enfoque es contando tus bendiciones. Cuando lo hagas, comparte esas bendiciones con otras personas. Puede que tus circunstancias externas no cambien, pero cambiará tu actitud interna. Y también cambiará tu *gracias*. ¿Por qué? Porque estará colmado de gratitud.

En la ciencia de la hermenéutica hay un concepto llamado "horizonte de interpretación". Es lo que sucede cuando leemos la primera oración de un libro. Es probable que "Llámenme Ismael", la primera oración del libro *Moby Dick* escrito por Herman Melville, sea la más famosa. En mi opinión, la de *Historia de dos ciudades* por Charles Dickens está muy cerca. "Era el mejor de los tiempos, era el peor de los tiempos". La primera oración nos da contexto; nos da un vistazo de lo que es posible. Por supuesto que ninguna se compara con Génesis 1:1: "Dios, en el principio, creó los cielos y la tierra".

Gracias es la génesis y la revelación de la bendición de Dios. Expande nuestro horizonte de interpretación en todas las áreas de la vida. El ciclo de la gratitud se completa dando gracias a Dios y a los demás y crea un ciclo virtuoso. Por otro lado, la ingratitud detiene el flujo de la bendición. ¿Por qué? Porque Dios nos bendice para que bendigamos a los demás. Cuando damos las gracias, cuando compartimos la bendición, nos convertimos en una vía para las bendiciones de Dios.

Cuando nuestros hijos eran pequeños, encontré este fragmento titulado *Introducción al derecho de propiedad desde la perspectiva de un niño pequeño*.

Si me gusta, es mío.
Si te lo puedo sacar, es mío.
Si parece mío, es mío.
Si lo vi primero, es mío.
Si te diviertes con eso, es mío.
Si lo dejas, es mío.
Si se rompe, es tuyo.

De acuerdo con el Talmud, hay cuatro tipos de personas.

1. Lo que es tuyo es mío.
2. Lo que es tuyo es tuyo.
3. Lo que es mío es mío.
4. Lo que es mío es tuyo.

La primera persona es una *apropiadora*; lo que es tuyo es mío. La segunda y la tercera son *neutrales*: lo que es tuyo es tuyo y lo que es mío es mío. La cuarta persona es *dadivosa*: lo que es mío es tuyo. Esta persona, según el Talmud, es una *santa*.[17]

¿Qué tipo de persona eres tú?

¿Eres una persona apropiadora?

¿Eres neutral?

¿O eres una persona dadivosa?

¿Recuerdas el niño que acercó su almuerzo —cinco panes y dos peces— a Jesús? Cuando pones lo que tienes en las manos de Dios, cinco más dos no da como resultado siete. Los factores no se suman, sino que se multiplican: 5 + 2 = 5000 personas y 12 canastas. Sobró más de lo que había al principio. ¿Cómo es posible?

La mayoría de nosotros, en una situación similar, nos hubiéramos quejado de lo que nos faltaba. ¿No lo crees? Jesús no lo hizo.

...miró al cielo y dio gracias a Dios.[18]

¿Qué hizo? ¡Dio *gracias*!

No permitas que aquello que no tienes impida que adores a Dios por lo que sí tienes. En el mismo sentido, no permitas que aquello que no puedes hacer impida que hagas lo que sí puedes hacer. Solemos pensar que seríamos más agradecidos y más generosos si tuviéramos más. Yo te quiero, pero no te creo. La gratitud comienza aquí y ahora.

Cuenta tus bendiciones.

Comparte la bendición.

Hazlo una y otra vez.

15
El efecto perspectiva

Nunca has hablado con un simple mortal.
—C. S. Lewis

En diciembre de 1968, el Apollo 8 salió de la órbita de la Tierra y dio diez vueltas alrededor de la Luna. Fue una misión monumental que allanó el camino para el aterrizaje lunar del año siguiente. En la Nochebuena, el astronauta Bill Anders vio cómo la Tierra salía por el horizonte, tomó su cámara Hasselblad y comenzó a tomar fotografías. El objetivo de la misión era identificar posibles sitios de aterrizaje en la Luna; ese era el motivo por el cual tenían una cámara de alta resolución a bordo. Anders usó esa cámara para capturar una imagen icónica: *Salida de la Tierra*.

Esa fotografía vale más que mil palabras.

Nos dio un vistazo del planeta Tierra en todo su esplendor, como si nos miráramos en un espejo. El día de Navidad, el poeta Archibald MacLeish lo describió así: "Ver la Tierra como verdaderamente es, pequeña, azul y hermosa en ese eterno silencio en el que flota, es vernos a nosotros mismos como pasajeros de la Tierra".[1]

Cuando los astronautas abandonan la atmósfera de la Tierra y echan un vistazo al planeta Tierra, sienten como si estuvieran viviendo una experiencia extracorpórea. Esto se denomina "efecto perspectiva". La visión desde el espacio exterior produce un cambio en el espacio interior. Un equipo de psicólogos estudió el efecto perspectiva y entrevistó a más de cien astronautas y cosmonautas. Al volver del espacio, los astronautas se enfocan menos en los logros individuales y más en el bien común.[2] El astronauta Edgar Mitchell del Apollo 14 dijo: "Desarrollas una conciencia global instantánea, una profunda disconformidad con el estado del mundo y una compulsión por hacer algo al respecto".[3]

El efecto perspectiva se trata de ver el panorama completo. Tenemos puntos en común con todas y cada una de las personas en el planeta. Me permito agregar que también compartimos una gracia en común. Es un cambio de paradigma que pone nuestro planeta en perspectiva.

¿Estamos enfocados en nuestras numerosas diferencias?

¿O en nuestra identidad en común como seres creados a imagen de Dios?

Cambiar el enfoque puede marcar toda la diferencia. También puede construir un puente entre los equipos rivales. En su libro *Think Again* (*Piénsalo otra vez*), Adam Grant dio un ejemplo:

En un experimento, un equipo de psicólogos asignó de forma aleatoria una breve tarea de escritura a fanáticos del Manchester United. Luego, montaron una escena en la que un corredor se resbalaba y caía soltando un grito de dolor. Un pequeño detalle: el corredor llevaba la camiseta del equipo rival. Entre los fanáticos que escribieron acerca de cómo amaban a su equipo y únicamente a su equipo, solo el 30 % ayudó al corredor. Entre los que escribieron acerca de lo que tenían en común con otros fanáticos del fútbol, el 70 % lo ayudó.[4]

¿Recuerdas a Daniel Kahneman? ¡Las personas somos infinitamente complicadas e interesantes! Ese es un buen punto de partida, pero permíteme apretar el acelerador. Todos somos valiosos e irremplazables. El Talmud lo dice de esta manera: "Si destruyes una simple vida, es como si hubieses destruido todo el universo. Si salvas una vida, es como si hubieses salvado todo el universo".[5]

"No existen las personas comunes y corrientes", escribió C. S. Lewis, "Nunca has hablado con un simple mortal... Son inmortales aquellos con quienes bromeamos, trabajamos, nos casamos, a quienes despreciamos y de quienes nos aprovechamos".[6] Hay una propiedad transitiva en las Escrituras que afecta la manera en que tratamos a los demás. Demostramos hospitalidad como si recibiéramos ángeles.[7] Servimos a los demás como si se tratara de Jesús.[8]

Lewis agregó: "Esto no significa que debamos vivir en perpetua solemnidad. Debemos divertirnos. Pero nuestra alegría debe ser de esa clase que se da entre las personas que se tomaron en serio desde el principio: sin frivolidad, sin superioridad, sin presunción".[9]

Antes del pecado original hubo una bendición original. Lo primero que hizo Dios fue bendecir a su creación. Ese es el instinto más antiguo de Dios. Ese es nuestro deseo más profundo. En el siglo IV un Padre de la Iglesia, Agustín de Hipona, dijo: "Nuestro corazón estará inquieto hasta que encuentre descanso en ti".[10] El filósofo francés Blaise Pascal lo describió como un hueco con la forma de Dios.[11] El papa Francisco lo llama nostalgia por Dios.[12] No importa cómo lo quieras llamar, se trata de la imagen de Dios en nosotros. Fuimos creados *por* Dios y *para* Dios.

Todas las prendas de ropa tienen una etiqueta que indica su lugar de fabricación: hecho en Canadá, hecho en México, hecho en los Estados Unidos. Si tú tuvieras una etiqueta, esta diría: "hecho a imagen de Dios". Eres hechura de Dios, y la teología del *gracias* comienza y termina allí.

Buscamos algo llamado *shalom*, que es lo único que puede llenar el hueco con la forma de Dios en el corazón del ser humano. Quizás podríamos decir que *shalom* es lo que ocurre cuando Dios llena nuestro corazón. *Shalom* es una palabra en hebreo que significa paz y, también, era un saludo para desear salud, riqueza y prosperidad. Desde luego que tenemos la tendencia de reducir complejos conceptos teológicos a frases cliché, así que permíteme ampliar esta idea. *Shalom* es la restauración de todas las cosas a su propósito original. Es el Jardín del Edén antes de la caída. Es una dimensión de realidad que la Biblia denomina cielo luego de que se revierta la maldición.

Solemos pensar en la paz como un equilibrio emocional, y no quiero menospreciar esa dimensión interna. *Shalom* es la paz que sobrepasa todo entendimiento. Es la paz en medio de la tormenta. Pero la paz es más que una emoción, ¡es una persona!

¿Recuerdas ese momento emblemático en que Jesús detuvo una tormenta en el mar de Galilea? Reprendió el viento y dijo a las olas: "¡Silencio! ¡Cálmense!".[13] ¿Quién hace eso? ¡El príncipe de paz!

En esencia, *shalom* es la armonía relacional y consiste en cuatro dimensiones:

1. Una relación correcta con Dios.
2. Una relación correcta con uno mismo.

3. Una relación correcta con los demás.
4. Una relación correcta con la creación.

La primera dimensión es una relación correcta con Dios. Este es el verdadero norte. El primer principio del Catecismo Menor de Westminster dice que el principal fin del hombre es glorificar a Dios, y disfrutar de Él por siempre.[14] Entendemos la parte de glorificar a Dios; la parte de disfrutar no tanto. John Piper lo llama hedonismo cristiano, aunque parezca un término poco apropiado. Se trata de la convicción de que el objetivo final de Dios y nuestro deseo más profundo es lo mismo. Piper lo dice así: "Dios se glorifica más en nosotros cuando estamos más satisfechos en Él".[15]

¿Cuánto disfrutas de tu relación con Dios? Responder a esta pregunta no es tarea fácil, pero quizás sea esa la mejor medida de madurez espiritual. Crecer en nuestra relación con Dios implica disfrutar su Palabra y su presencia. Significa disfrutar absolutamente todo lo que nos ayude a acercarnos a Él.

La clave para esa relación correcta es su justicia. "Al que no cometió pecado alguno, por nosotros Dios lo trató como pecador, para que en él recibiéramos la justicia de Dios".[16] La religión consiste en lo que puedes hacer por Dios. El cristianismo consiste en lo que Cristo ya ha hecho en la cruz por nosotros.

Cuando nuestra relación vertical con Dios está fuera de lugar, surgen problemas de idolatría. Buscamos dioses menores y nos conformamos con quince minutos de fama. Echamos la culpa a los demás y los avergonzamos. Un ídolo es algo que amas, en lo que confías o que alabas más que a Dios. Como dijo muy acertadamente Juan Calvino: "El corazón del ser humano es una fábrica perpetua de ídolos".[17]

Esos ídolos falsos acarrean complicaciones en los cuatro cuadrantes del *shalom*. "Una visión corta de Dios es la causa de cientos de males menores", dijo A. W. Tozer. "Una visión alta de Dios es la solución a diez mil problemas temporales".[18]

La segunda dimensión del *shalom* es la relación correcta con uno mismo. La llamaremos la dimensión del sur. Aquí los problemas de idolatría se convierten en problemas de identidad. Si tu identidad está en los ídolos, será frágil como un castillo de naipes. En lugar de reposar en la justicia de Cristo, intentamos salvarnos a nosotros mismos por medio de la superioridad moral. El evangelio de las buenas obras deja la cruz fuera de la ecuación.

Tengo una teoría sobre la identidad que puede sonar contradictoria, pero es cierta. Cuanto más hayas logrado, mayores probabilidades tendrás de sufrir problemas de identidad. ¿Por qué? Porque es más fácil hallar tu identidad fuera de tu relación con Dios. Los títulos que has obtenido, el dinero que has ganado o el físico por el cual te has esforzado tanto no tienen nada de malo. Sin embargo, cuando encuentras tu identidad o tu seguridad en estas cosas, cruzas un límite. Esto también aplica para los dones espirituales. Dios te dio esos dones, pero debes usarlos para su gloria y no para la tuya. De lo contrario, esos ídolos falsos se convierten en identidades falsas y seguridades falsas.

La tercera dimensión del *shalom* es la relación correcta con los demás. La imagen de Dios en mí saluda a la imagen de Dios en ti. De aquí nace la teología de la dignidad. Jamás hubo otra persona como tú y nunca habrá otra persona como tú. No es un halago para ti, sino para el Dios que te creó. Este es el significado: nadie puede adorar a Dios como tú ni por ti. ¡Nadie puede tomar tu lugar!

La mayoría de nosotros no vemos el interior de la celda, pero somos prisioneros de una, dos o tres experiencias de nuestro pasado. Permitimos que el enemigo nos chantajee y, peor aún, proyectamos nuestro dolor en otras personas. Esto genera una fractura compuesta.

Me gustan los libros que tienen títulos creativos, y hace poco Louie Giglio escribió uno de mis preferidos: *No le des al enemigo un asiento en tu mesa*. ¿Qué significa? Esta es mi opinión. Si albergas falta de *perdón* en tu corazón, estás dándole al enemigo un asiento en tu mesa. Si guardas resentimiento o difundes chismes a espaldas de los demás, estás dándole al enemigo un asiento en tu mesa. Si te ofendes, estás dándole al enemigo un asiento en tu mesa. Si permites que el temor guíe tus decisiones, estás dándole al enemigo un asiento en tu mesa. Esta quizás no sea tan evidente. Si no das las *gracias*, estás dándole al enemigo un asiento en tu mesa.

¿Cuál es la conclusión? Dios ha perdonado y olvidado tu pecado. Aunque no tuvieras nada más para estar agradecido, ¡tienes la cruz! Tienes la tumba vacía. Tu futuro es tan brillante como las promesas de Dios. Cuando el enemigo te recuerde tu pasado, ¡recuérdale su futuro!

La cuarta dimensión del *shalom* es la relación correcta con la creación. Hay dos errores que debemos evitar. El primero es adorar a la creación. El segundo es usar y abusar de la creación que estamos llamados a cuidar. Debemos cumplir la gran comisión. El último mandato de Jesús debe ser nuestra principal preocupación, pero no debemos olvidarnos de la comisión de Génesis.

Sean fructíferos y multiplíquense; llenen la tierra y sométanla; dominen a los peces del mar y a las aves del cielo, y a todos los reptiles que se arrastran por el suelo.[19]

¿Cómo gobernamos a la tierra? En primer lugar, la disfrutamos. Me encanta la reacción de Dios ante su creación: "Y Dios consideró que esto era bueno".[20] Esa frase se repite cada día hasta el sexto día. Luego, casi como sucede con el efecto perspectiva, Dios da un paso hacia atrás y analiza todo el alcance de su creación: "Dios miró todo lo que había hecho, y consideró que era muy bueno".[21] ¡Dios se maravilla con su creación!

¿Cuándo fue la última vez que diste un paso hacia atrás y disfrutaste un amanecer?

¿Cuándo fue la última vez que miraste las estrellas?

¿Cuándo fue la última vez que celebraste la bondad de Dios en una simple sonrisa?

¿Recuerdas los diez leprosos que Jesús sanó? Los diez recibieron sanidad para su problema físico, pero solo uno fue sanado de algo mucho peor: la ingratitud. El leproso que regresó a Jesús, cayó a sus pies y le dijo *gracias*.[22]

Muchos dan por sentado que Adán y Eva habrían permanecido en el Jardín del Edén por siempre si no hubieran comido del árbol de la inteligencia del bien y del mal, pero esa es una interpretación errónea. Dios invitó a Adán y a Eva a explorar. Todo lo que estaba fuera del Edén era terreno sin explorar. Podían viajar 24 759 millas en cualquier dirección sin ver el mismo paisaje dos veces. Había 196 949 970 millas cuadradas de territorio virgen para explorar. Una de las maneras en que glorificamos a Dios es explorando, educando y disfrutando todo lo que Dios ha creado y, por supuesto, cuidándolo para las próximas generaciones.

El astrónomo que traza las estrellas, el genetista que mapea el genoma humano, el investigador que busca una cura para la enfermedad de Parkinson, el oceanógrafo que explora el arrecife de coral, el ornitólogo que estudia y preserva especies raras de aves, el físico que intenta atrapar cuarks, el químico que grafica estructuras moleculares y el teólogo que estudia a Dios tienen algo en común. Todos son exploradores. Todos están cumpliendo la misión de Génesis. Su exploración honra a Dios siempre que se lleve a cabo por los motivos y los resultados correctos: conocer a Dios y darlo a conocer.

Shalom es la relación correcta con Dios, uno mismo, los demás y la creación. La trinidad es un ejemplo de armonía relacional. Creemos en Dios, en tres personas: la trinidad es una armonía de tres partes. Los Padres de la Iglesia antigua lo llamaban *perichoresis*. Es una danza coreografiada entre el Padre, el Hijo y el Espíritu Santo. La trinidad es *shalom* en movimiento.

¿Qué tiene que ver esto con *por favor*, *perdón* y *gracias*?

Esas tres expresiones mágicas forman una armonía de tres partes. Un amable *por favor* abre corazones, mentes y puertas. Un simple *perdón* arregla relaciones quebradas e inicia el proceso de restauración. Un *gracias* sincero es el volante de la gratitud. Si te vuelves experto en ellas, la vida será una coreografía llena de amor, gozo y paz.

De acuerdo con Cornelius Plantinga, "el pecado es la perturbación culpable del *shalom*".[23] Si eso es cierto (y yo creo que lo es), las palabras *por favor*, *perdón* y *gracias* restauran la paz. Es la manera en que apretamos el botón de reiniciar. En este mismo sentido, volvamos al comienzo.

Si quieres cambiar tu vida, debes cambiar tus palabras.

¡Las palabras crean mundos!

¿Por qué no empiezas con *por favor*, *perdón* y *gracias*?

Notas

Introducción

1. Kary Oberbrunner, *Unhackable: Close the Gap between Dreaming and Doing* (Powell, Ohio: Ethos Collective, 2020), 12.

2. Steve Cohen, *Win the Crowd: Unlock the Secrets of Influence, Charisma, and Showmanship* (New York: Collins, 2006), 135.

3. Abraham Joshua Heschel, *Moral Grandeur and Spiritual Audacity*, por Abraham Joshua Heschel, ed. Susannah Heschel (New York: Farrar, Straus and Giroux, 1997), viii.

4. Eugene T. Gendlin, *Focusing* (New York: Bantam Books, 1981), 3.

5. Deepika Choube, Shubham Sharma, "Psychological and Physiological Effect in Plant Growth and Health by using Positive and Negative Words", *International Journal of Innovative Research in Technology*, junio de 2021 https://www.ijirt.org/master/publishedpaper/IJIRT151445_PAPER.pdf

6. Proverbios 18:21.

7. Hayim Nahman Bialik y Yehoshua Hana Ravnitzky, eds., The Book of Legends—Sefer Ha-Aggadah: Legends from the Talmud and Midrash, trad. William G. Braude (New York: Schocken Books, 1992), 704.

8. Santiago 3:9.

9. Santiago 3:4.

10. Mateo 12:34.

11. Eva Van Prooyen, "This One Thing is the Biggest Predictor of Divorce", *The Gottman Institute*, https://www.gottman.com/blog/this-one-thing-is-the-biggest-predictor-of-divorce/

12. Génesis 1:3.

13. Leonard Bernstein (discurso, American International Music Fund, 21 de mayo de 1963), https://www.loc.gov/item/mus-bernstein.100020111/

14. Juan 1:1-3.

15. Drake Baer, "15 Olde English Words We Need to Start Using Again", *Business Insider*, 5 de mayo de 2016, www.businessinsider.com/olde-english-words-we-need-to-start -using-again-2016-4.

16. Susie Dent, en "How Many Words Does the Average Person Know?", de Nickee De Leon Huld, Word Counter (blog), https://wordcounter.io/blog/how-many-words-does-the-average-person-know

17. Dale Carnegie, *How to Win Friends and Influence People*, ed. rev. (New York: Gallery Books, 2022), xx.

Parte 1: La psicología del *por favor*

1. APA Dictionary of Psychology, s.v. "word-association test" https://dictionary.apa.org/word-association-tests.

2. Valeria Sabater, "Carl Jung's Word Association Test" Exploring Your Mind, 15 de noviembre de 2021, https://exploringyourmind.com/carl-jung-word-association-test/

3. John A. Bargh, Mark Chen y Lara Burrows, "Automaticity of Social Behavior: Direct Effects of Trait Construct and Stereotype Activation on Action", *Journal of Personality and Social Psychology* 71, no. 2 (1996): 233–35.

4. The Magic Words, *Emily Post Institute Inc*, https://emilypost.com/advice/the-magic-words

5. Ibid.

6. Ajai Prakash, Christian Herter Was The Governor Of ..., *Sermon Central*, 21 de febrero de 2008, https://www.sermoncentral.

com/sermon-illustrations/65172/christian-herter-was-the-go-vernor-of-by-ajai-prakash

7.   Filipenses 2:3-6.

8.   Mateo 7:12.

Capítulo 1: ¡Aquí *estás*!

1.   Jennie Jerome, citado en "A Story from a Dinner Party Winston Churchill's Mother Attended Over a Century Ago Illustrates What It Means to Be a Charismatic Leader" de Robert Mening, 27 de octubre de 2016, Business Insider, www.businessinsider.com/charismatic-leadership-tips-from-history-2016-10.

2.   Benjamin Disraeli, citado en *How to Win Friends and Influence People*, de Dale Carnegie, ed. rev. (New York: Gallery Books, 2022), 116.

3.   Francis Schaeffer, en "The Virtue of Listening—Because There Are No Little People...," The Humanitas Forum on Christianity and Culture, 3 de febrero de 2015, https://humanitas.org/?p=3229.

4.   Edith Schaeffer, en "The Virtue of Listening".

5.   "Theodore Roosevelt's Libraries", Theodore Roosevelt Center, Dickinson State University, https://www.theodoreroo-seveltcenter.org/Learn-About-TR/TR-Encyclopedia/Reading-and-Writing/Roosevelt-Libraries.aspx.

6.   Adam Grant, *Give and Take: A Revolutionary Approach to Success* (New York: Viking, 2013).

7.   Jim Elliot, *The Journals of Jim Elliot*, ed. Elisabeth Elliot (Grand Rapids, Mich.: Revell, 2002), 174.

8.   Mateo 25:40.

9.   James W. Pennebaker, *The Secret Life of Pronouns*, (Bloomsbury Press, New York, 2011), ix.

10.   Grant, *Give and Take*, 36.

11.   Grant, *Give and Take*, 36.

12. James W. Pennebaker, citado en "He Counts Your Words (Even Those Pronouns)" de Jessica Wapner, *New York Times*, 13 de octubre de 2008, https://www.nytimes.com/2008/10/14/science/14prof.html.

13. Rabbi Jonathan Sacks, *Not in God's Name: Confronting Religious Violence* (New York: Schocken, 2015), 51.

14. Cindy K. Chung y James W. Pennebaker, "The Psychological Functions of Function Words", ResearchGate, enero de 2007, https://www.researchgate.net/publication/237378690_The_Psychological_Functions_of_Function_Words

15. 1 Samuel 14:35.

16. 1 Samuel 15:12 NTV.

17. Daniel 3:1-6.

18. 1 Samuel 18:7.

19. 1 Samuel 18:8.

20. 1 Samuel 18:9.

21. John Damascene, citado en *Summa Theologiae*, de Thomas Aquinas, parte 2 de parte 2, "Question 36. Envy", New Advent, www.newadvent.org/summa/3036.htm.

22. Robert Madu (discurso, WAFBEC, Iganmu, Nigeria, 8 de enero de 2021), http://blog.wafbec.org/day-6-evening-session-1-pst-robert-madu.

23. Stephen R. Covey, *The 7 Habits of Highly Effective People: Powerful Lessons in Personal Change* (New York: Free Press, 2004), 207.

Capítulo 2: Ábrete sésamo

1. Denzel Washington citado en "Denzel Washington Pays Tribute to Late Mentor and Friend Sidney Poitier: 'He Opened Doors for All of Us'", de Cheyenne Roundtree, *Daily Beast*, 7 de enero de 2022, https://www.thedailybeast.com/denzel-washington-pays-tribute-to-late-mentor-and-friend-sidney-poitier-he-opened-doors-for-all-of-us

2. Sidney Poitier, "Sidney Poitier Reflects on Lessons from Child-hood", entrevista, ABC News, 20 de febrero de 1985, https://abcnews.go.com/Entertainment/video/sidney-poitier-re-flects-lessons-childhood-82137840

3. Win Collier, *A Burning In My Bones*, (WaterBrook, Colorado Springs, Colorado, 2022), 155.

4. Eugene H. Peterson, *Under the Unpredictable Plant: An Explo- ration in Vocational Holiness* (Grand Rapids, MI: Eerdmans, 1994), 50.

5. Dr. Yvette Alt Miller, "Sidney Poitier and the Jewish Waiter who Taught Him How to Read", *Aish*, 11 de enero de 2022, https://www.aish.com/ci/a/Sidney-Poitier-and-the-Jewish-Waiter-who-Taught-Him-How-to-Read.html

6. Sidney Poitier, citado en "Sidney Poitier, First Black Actor to Win Best Actor Oscar, Dies at 94", *Globe and Mail*, 7 de enero de 2022, www.theglobeandmail.com/arts/film/article-sidney-poitier-first-black-actor-to-win-best-actor-oscar-dies-at-94.

7. Sidney Poitier, citado en "Sidney Poitier on the Rough Road to Hollywood" de Patricia Bosworth, *Washington Post*, 25 de mayo de 1980, https://www.washingtonpost.com/archive/entertain-ment/books/1980/05/25/sidney-poitier-on-the-rough-road-to-hollywood/436a15fe-f67e-4b49-a83c-5cb7412a2e4a/

8. William Osler, citado en "In Memoriam—Sir William Osler", *Canadian Journal of Medicine and Surgery* 47, no. 3 (marzo de 1920): 116.

9. Apocalipsis 3:20.

10. Aesop, "The North Wind and the Sun", The Aesop for Chil-dren, Library of Congress, https://read.gov/aesop/143.html

11. Efesios 4:2, DHH.

12. Romanos 2:4.

13. Selena Gomez, "Kill 'Em with Kindness", track 2 de Revival, Interscope Records, 20.

14. Mateo 7:7.

15. Salmos 84:11.

16. Mateo 7:9-11.

17. Santiago 4:2.

Capítulo 3: Dilo con una sonrisa

1. Joey Reiman, *Thinking for a Living: Creating Ideas That Revitalize Your Business, Career & Life* (Athens, Ga.: Longstreet, 1998), 77–79.

2. Reiman, *Thinking for a Living*, 158–59.

3. "On Average A Woman Smiles 62 Times A Day; Men Smile Only 8 Times", *South Florida Reporter*, 30 de mayo de 2018, https://southfloridareporter.com/on-average-a-woman-smiles-62-times-a-day-men-smile-only-8-times/

4. Mark Stibich, "10 Big Benefits of Smiling", Verywell Mind, actualizado el 10 de septiembre de 2022, www.verywellmind.com /top-reasons-to-smile-every-day-2223755.

5. Stibich, "10 Big Benefits of Smiling."

6. Daniel 1:12.

7. Daniel 1:20.

8. Daniel Goleman, *Emotional Intelligence: Why It Can Matter More Than IQ* (New York: Bantam Books, 2020), 30.

9. Daniel 2:14.

10. Marilyn McEntyre, *Caring for Words in a Culture of Lies* (Grand Rapids, Mich.: Eerdmans, 2009), 54.

11. McEntyre, *Caring for Words*, 44.

12. McEntyre, *Caring for Words*, 45.

13. Marcos 10:51.

14. Proverbios 15:23.

15. Proverbios 27:14 NTV.

16. Emily Dickinson, "Tell All the Truth but Tell It Slant" en *Dickinson Poems*, ed. Peter Washington (New York: Alfred A. Knopf, 1993), 18.

Capítulo 4: Lavar los pies

1. James W. Pennebaker, *The Secret Life of Pronouns: What Our Words Say About Us* (New York: Bloomsbury, 2011), 61.

2. Becky Upham, "Facebook Comes Under Fire After Whistle-blower and Leaked Documents Reveal Negative Impact on Girls", *Everyday Health*, 9 de octubre de 2021, https://www.everydayhealth.com/public-health/facebook-comes-under-fire-after-whistleblower-and-leaked-documents-reveal-negative-impact-on-young-girls/

3. Georgia Wells, Jeff Horwitz y Deepa Seetharaman, "FaceBook Knows Instagram Is Toxic for Teen Girls, Company Documents Show", *Wall Street Journal*, 14 de septiembre de 2021, www.wsj.com/articles/facebook-knows-instagram-is-toxic-for-teen-girls-company-documents-show-11631620739

4. Brooke Auxier, "64 % of Americans say social media have a mostly negative effect on the way things are going in the U.S. today", *Pew Research Center*, 15 de octubre de 2020, https://www.pewresearch.org/fact-tank/2020/10/15/64-of-americans-say-social-media-have-a-mostly-negative-effect-on-the-way-things-are-going-in-the-u-s-today/

5. Maria Pengue, "16 Eye-Opening Negative News Statistics You Need to Know", Letter.ly, 29 de marzo de 2021, https://letter.ly/negative-news-statistics

6. Pengue, "16 Eye-Opening Negative News Statistics."

7. Efesios 4:29.

8. Encyclopaedia Britannica, s.v. "George Gerbner", www.britannica.com/biography/George-Gerbner.

9. Angela Watercutter, "Doomscrolling Is Slowly Eroding Your Mental Health", *Wired*, 25 de junio de 2020, https://www.wired.com/story/stop-doomscrolling/

10. Génesis 4:9 NTV.

11. C. S. Lewis, The Screwtape Letters (New York: HarperOne, 2001), 162.

12. Marcos 15:15.

13. Marcos 15:14.

14. Juan 9.

15. "Diffusion of Innovation Theory", Boston University School of Public Health, 9 de septiembre de 2019, https://sphweb.bumc.

bu.edu/otlt/mph-modules/sb/behavioralchangetheories/be-havioralchangetheories4.html

16.   Juan 13:3-4.

17.   Mateo 23:11.

18.   Santiago 4:17 DHH.

Capítulo 5: Las palabras importan

1.   Sidney Greenberg, *Lessons for Living: Reflections on the Weekly Bible Readings and on the Festivals* (Bridgeport, Conn.: Hartmore House, 1985), 93.

2.   Brett Favre (discurso, Pro Football Hall of Fame, Canton, Ohio, 6 de agosto de 2016), https://www.youtube.com/watch?v=xoKt_Q9xD0A

3.   Números 12:1 DHH.

4.   Jeremías 1:6.

5.   Jeremías 1:7.

6.   Jeremías 1:7.

7.   Mateo 5:37.

8.   Mateo 12:37.

9.   Scott Sauls, *A Gentle Answer: Our "Secret Weapon" in an Age of Us Against Them* (Nashville, Tenn: Nelson, 2020), 14.

10.   Efesios 4:29-31, traducida directamente de la versión AMP en inglés.

11.   Génesis 27:38.

12.   Génesis 27:38 NTV.

13.   Génesis 1:28 NTV.

14.   A. W. Tozer, *The Knowledge of the Holy: The Attributes of God, Their Meaning in the Christian Life* (San Francisco: HarperSan-Francisco, 1961), 1.

15.   Sofonías 3:17.

16.   Mateo 3:17.

17. Mateo 10:12-13 NTV.

18. Bob Goff, *Everybody Always: Becoming Love in a World Full of Setbacks and Difficult People* (Nashville, Tenn.: Nelson Books, 2018).

19. Lucas 7:39.

20. Marcos 14:9.

21. Laurie Beth Jones, *Power of Positive Prophecy: Finding the Hidden Potential in Everyday Life* (New York: Hyperion, 1999), ix.

22. Randy Frazee, *His Mighty Strength: Walk Daily in the Same Power That Raised Jesus from the Dead* (Nashville, Tenn.: Nelson Books, 2021), 48.

23. Salmos 119:11.

24. 1 Timoteo 4:4-5.

25. Hebreos 4:12.

26. 2 Timoteo 3:16.

27. Jeremías 1:12.

28. Isaías 55:11.

29. Romanos 10:17.

30. Romanos 10:9-10.

Parte 2: La ciencia del *perdón*

1. Graham Greene, *The Power and the Glory* (New York: Penguin Books, 2015), 13–14.

2. Michael Lewis, *The Undoing Project: A Friendship That Changed Our Minds* (New York: W. W. Norton, 2016), 53.

3. Rolf Smith, *The Seven Levels of Change: The Guide to Innovation in the World's Largest Corporations* (Arlington, Tex.: Summit, 1997), 49.

4. Ralph Waldo Emerson, "August 26" *Everyday Emerson: A Year of Wisdom* (New York: St. Martin's, 2022), 64.

5. Dale Carnegie, *How to Win Friends and Influence People*, ed. rev. (New York: Gallery Books, 2022), 32.

6. Emerson, "January 14" *Everyday Emerson*, 14.

7. Marcos 9:41.

8. Lucas 23:34 RVR60.

9. Rachel Hartigan, "The Epic COVID-19 Memorial on the National Mall, in One Stunning Photo", *National Geographic*, 30 de septiembre de 2021, www.nationalgeographic.com/culture/article/epic-covid-19-memorial-national-mall-one-stunning-photo.

10. Carnegie, *How to Win Friends*, 184.

11. Tom Jacobs, "Reading Literary Fiction Can Make You Less Racist: New Research Finds a Compelling Narrative Can Help Us Sidestep Stereotypes", PacificStandard, 14 de junio de 2017, https://psmag.com/social-justice/reading-literary-fiction-can-make-less-racist-76155.

12. George Orwell, "Looking Back on the Spanish War" in *Facing Unpleasant Facts: Narrative Essays*, ed. George Packer (Boston: Mariner Books, 2009), 149.

13. Jonathan Glover, Humanity: *A Moral History of the Twentieth Century*, 2da ed. (New Haven, Conn.: Yale University Press, 2012), cap. 11.

14. Mateo 18:22.

15. Lewis B. Smedes, *Forgive and Forget: Healing the Hurts We Don't Deserve* (San Francisco: HarperSanFrancisco, 1996), x.

Capítulo 6: Intenta con lágrimas

1. "Life Expectancy", National Center for Health Statistics, CDC, 25 de marzo de 2022, www.cdc.gov/nchs/fastats/life-expectancy.htm.

2. Morrie Schwartz, citado en *Tuesdays With Morrie: An Old Man, a Young Man, and Life's Greatest Lesson*, de Mitch Albom, (New York: Broadway Books, 2017), 121.

3. Roland H. Bainton, *Here I Stand: A Life of Martin Luther* (New York: Meridian, 1995), 41.

4. Lamentaciones 3:23, NTV.

5. Santiago 5:16.

6. Josué 5:9.

7. Joel 2:25.

8. Éxodo 2:6.

9. Génesis 45:1-2.

10. Génesis 27:38.

11. Mateo 26:75.

12. Juan 11:35.

13. Helen Ernst, "Try Tears" Make the Vision Plain (blog), https://makethevisionplain.com/try-tears.

14. Corey Russell, *The Gift of Tears* (Lewisville, Tex.: Nasharite, 2021), 6.

15. Russell, *The Gift of Tears*, 41.

Capítulo 7: La quinta petición

1. R. T. Kendall, *Total Forgiveness: When Everything in You Wants to Hold a Grudge, Point a Finger, and Remember the Pain— God Wants You to Lay It All Aside*, ed. rev. (Lake Mary, Fla.: Charisma House, 2007), 3– 4.

2. Mateo 6:12.

3. Mateo 6:14.

4. Lucas 23:34 RVR60.

5. Mateo 18:22.

6. Juan 19:30 RVR60.

7. 2 Corintios 5:21.

8. Juan 18:10.

9. Lucas 22:50-51.

10. Juan 2:1-10.

11. Mateo 14:22-27.

12. Marcos 10:46-52.

13. Juan 11:1-44.

14. R. T. Kendall, *Total Forgiveness*, 87.

15. Mateo 13:57-58.

16. Michele Killough Nelson, "A New Theory of Forgiveness", (PhD diss., Purdue University, 1992), https://docs.lib.purdue.edu/dissertations/AAI9229170

17. Mateo 5:23-24.

Capítulo 8: Gente de segundas oportunidades

1. Stephen Covey, *The 7 Habits of Highly Effective People: Powerful Lessons in Personal Change* (New York: Free Press, 2004), 30–31.

2. Covey, *7 Habits*, 31.

3. Brené Brown, *The Gifts of Imperfection*, ed. 10° aniversario (Center City, Minn.: Hazelden, 2020), 71.

4. Frederick Buechner, *The Alphabet of Grace* (New York: Harper & Row, 1989), 14.

5. Buechner, *The Alphabet of Grace*, 14.

6. Henry Wadsworth Longfellow, "Table-Talk" in *The Works of Henry Wadsworth Longfellow* (Boston: Houghton, Mifflin, 1886), 405.

7. Job 42:10.

8. Romanos 5:8.

Capítulo 9: La salsa secreta

1. Mateo 7:1.

2. Mateo 7:3-5.

3. Ice Cube, "Check Yo Self", track 13 de *The Predator*, UMG Recordings, 1992.

4. Frank Sesno, *Ask More: The Power of Questions to Open Doors, Uncover Solutions, and Spark Change* (New York: AMACOM, 2017), 1.

5. Sesno, *Ask More*, 58.

6. Sesno, *Ask More*, 74–76, 222; 91, 213–15; 158–60, 234.

7. Tommy Boy, dirigida por Peter Segal (Los Angeles: Paramount Pictures, 1995).

8. Roman Russo, "Remember the Losada Ratio of 2.9013 If You Want to Be Happy", Optimal Happiness, 3 de diciembre de 2020, https://optimalhappiness.com/losada-ratio-losada-line-29013/#:~:text=LosadaRatiostatesthatforweareunhappyandlanguishing.com

9. Hebreos 4:15.

10. Lucas 4:1-13.

11. Juan 1:14.

12. Kim Scott, *Radical Candor: Be a Kick-Ass Boss Without Losing Your Humanity* (New York: St. Martin's, 2017), 9-10.

13. Scott, *Radical Candor*, 32.

14. Juan 8:7.

15. Juan 8:11.

16. Juan 11:21, 32.

17. Juan 11:43.

18. Mateo 22:37-39.

19. Santiago 4:6.

20. Romanos 8:1.

21. Mike Foster, *People of the Second Chance: A Guide to Bringing Life-Saving Love to the World* (Colorado Springs, Colo.: Water-Brook, 2016), 7.

Capítulo 10: Inofendible

1. Corrie ten Boom, *Tramp for the Lord* (Fort Washington, Pa.: CLC, 2011), 55-57.

2. Josué 5:9.

3. Bradford Veley, "Stuffed" https://bradveley.com/stuffed

4.   1 Corintios 2:9-10.

5.   "Stunning Details of Brain Connections Revealed", Science-Daily, 17 de noviembre de 2010, www.sciencedaily.com/releases/2010/11/101117121803.htm

6.   Cantares 2:15.

7.   Mateo 11:30.

8.   Efesios 4:30-32.

9.   R. T. Kendall, *Total Forgiveness: When Everything in You Wants to Hold a Grudge, Point a Finger, and Remember the Pain— God Wants You to Lay It All Aside*, ed. rev. (Lake Mary, Fla.: Charisma House, 2007), 6.

10.   Kendall, *Total Forgiveness*, 42.

11.   Proverbios 19:11.

12.   Hechos 7:60.

13.   Huston Smith, *The World's Religions: Our Great Wisdom Traditions* (San Francisco: HarperSanFrancisco, 1991), 40.

Parte 3: La teología del *gracias*

1.   Susan Rhoads, "The Difference Between Gratitude and Thankfulness", PMC, www.psychmc.com/articles/difference-between-gratitude-and-thankfulness.

2.   Santiago 1:17.

3.   Abraham Kuyper, citado en "Kuyper's Inch" de Roger Henderson, *Pro Rege 36*, no. 3 (marzo de 2008): 12, https://digitalcollections.dordt.edu/pro_rege/vol36/iss3/2.

4.   Arsenio Rodriguez, "The Encounter: The Constant Motion of the Machinery of Life", presentación 2 de mayo de 2021, www.meer.com/en/65608-the-encounter.

5.   "Brain, Eyes and Computers: Peek at 1998 Moravec Book, Chapter 3" https://frc.ri.cmu.edu/~hpm/book97/ch3/retina.comment.html.

6.   G. K. Chesterton, *The Autobiography of G. K. Chesterton* (San Francisco: Ignatius, 2006), 325.

7.   G. K. Chesterton, *Orthodoxy* (Chicago: Moody, 2009), 92.

8.   Phil Cousineau, *The Art of Pilgrimage: The Seeker's Guide to Making Travel Sacred* (Newburyport, Mass.: Conari, 2021).

9.   Elizabeth Barrett Browning, "Aurora Leigh" in *Aurora Leigh, and Other Poems* (New York: James Miller, 1866), 265.

10. Walter Hagen, citado en *The Tumult and the Shouting: My Life in Sport*, de Grantland Rice, (New York: A. S. Barnes, 1954), 73.

11. Mateo 6:28-29

Capítulo 11: Respira

1.   Sam Kean, *Caesar's Last Breath: Decoding the Secrets of the Air Around Us* (New York: Back Bay Books, 2018), 75.

2.   Kean, *Caesar's Last Breath*, 66.

3.   Kean, *Caesar's Last Breath*, 9.

4.   Walter Loeb, "How Amazon Could Speed Up by Dumping USPS", *Forbes*, 12 de mayo de 2022, https://www.forbes.com/sites/walterloeb/2022/05/12/amazon-may-replace-usps-as-a-delivery-agent/

5.   Tatsuro Yoshida, Michael Prudent y Angelo D'Alessandro, "Red Blood Cell Storage Lesion: Causes and Potential Clinical Consequences", PMC, *Blood Transfusion 17*, no. 1 (enero de 2019): 27–52, www.ncbi.nlm.nih.gov/pmc/articles/PMC6343598.

6.   Kean, *Caesar's Last Breath*, 9.

7.   Kean, *Caesar's Last Breath*, descripción, https://samkean.com/books/caesars-last-breath.

8.   Salmos 150:6a.

9.   Marcos 8:22-25.

Capítulo 12: Reintroducción diaria

1.   Wilson Bentley, citado en "First Photograph of a Snowflake", Guinness World Records, www.guinnessworldrecords.com/world-records/606626-first-photograph-of-a-snowflake.

2. Alexis Stempien, "Are All Snowflakes Really Different? The Science of Winter", Smithsonian Science Education Center, 16 de diciembre de 2015, https://ssec.si.edu/stemvisions-blog/are-all-snowflakes-really-different-science-winter.

3. "Inuktitut Words for Snow and Ice", *The Canadian Encyclopedia*, última actualización 14 de diciembre de 2017, www.thecanadia-nencyclopedia.ca/en/article/inuktitut-words-for-snow-and-ice.

4. John Tierney and Roy F. Baumeister, *The Power of Bad: And How to Overcome It* (London: Penguin Books, 2021), 8.

5. Salmos 29:1.

6. Thomas Carlyle, "The Hero as Divinity" in *Sartor Resartus, and On Heroes, Hero-Worship and the Heroic in History* (London: Macmillan, 1920), 265.

7. M. J. Ryan, *Attitudes of Gratitude: How to Give and Receive Joy Every Day of Your Life* (York Beach, Maine: Conari, 1999), 75–76.

8. John O'Donohue, *Anam Cara: A Book of Celtic Wisdom* (New York: Cliff Street Books, 1998), 90.

9. Plinio Apuleyo Mendoza and Gabriel García Márquez, The Fragrance of Guava (London: Verso, 1983), 23.

10. FamilyLife, "On Average, Married Couples Communicate Only 27 Minutes Per Week", Facebook, 24 de abril de 2019, https://m.facebook.com/permalink.php?story_fbid=1015592 3237231249&id=39717321248.

11. Scott Bolinder y Jill Bolinder, citado en *Becoming Soul Mates: Cultivating Spiritual Intimacy in the Early Years of Marriage* de Les Parrott y Leslie Parrott (Grand Rapids, Mich.: Zondervan, 1995), 17.

12. Números 11:5.

Capítulo 13: La actitud detrás de la gratitud

1. Esther B. Fein, "Influential Book", *New York Times*, 20 de noviembre de 1991, www.nytimes.com/1991/11/20/books/book-notes-059091.html.

2. Viktor E. Frankl, *Man's Search for Meaning* (Boston: Beacon, 2014), 62.

3. Adam Grant, "There's a Name for the Blah You're Feeling: It's Called Languishing", *New York Times*, 19 de abril de 2021, www. nytimes.com/2021/04/19/well/mind/covid-mental-heal-th-languishing.html.

4. 1 Reyes 19:4, NTV.

5. Friedrich Nietzsche, citado en *Man's Search for Meaning*, de Viktor E. Frankl, 97.

6. Éxodo 17:8-16.

7. 1 Reyes 19:4.

8. Proverbios 29:18.

9. C. G. Jung, *Commentary on "The Secret of the Golden Flower"* in *Alchemical Studies*, trad. R. F. C. Hull (Princeton, N.J.: Princeton University Press, 1983), 15.

10. Éxodo 6:9.

11. Éxodo 6:9, RVR60.

12. Salmos 23:6.

13. Efesios 2:10.

14. Agradezco a Jim Collins por la paradoja de Stockdale. Ver: "The Stockdale Paradox", Jim Collins, www.jimcollins.com/concepts/Stockdale-Concept.html.

15. 1 Corintios 8:1.

16. Richard Restak, *Mozart's Brain and the Fighter Pilot: Unleashing Your Brain's Potential* (New York: Harmony, 2001), p. 92.

17. Bec Crew, "Fish Have Been Recorded Singing a Dawn Chorus—Just like Birds", *ScienceAlert*, 22 de septiembre de 2016, www. sciencealert.com/fish-have-been-recorded-singing-a-dawn-chorus-just-like-birds.

18. George Sranko, "Why do Octopus have 3 Hearts, 9 Brains, and Blue Blood? Smart Suckers!", *BioGeoPlanet*, https://biogeoplanet.com/why-do-octopuses-have-9-brains-8-arms-3-hearts-and-blue-blood-surprising-facts/

19.   Joe Lowe, "Favorite Bird Sounds And Songs In The United States", *American Bird Conservancy*, 6 de abril de 2019, https://abcbirds.org/blog/favorite-bird-sounds-songs-united-states/

20.   Gareth Huw Davies, "Bird Songs", PBS, www.pbs.org/lifeof-birds/songs.

21.   "Bobolink Range Map", All About Birds, www.allaboutbirds.org/guide/Bobolink/maps-range; "Bobolink Sounds", All About Birds, www.allaboutbirds.org/guide/Bobolink/sounds.

22.   Apocalipsis 5:13.

23.   Leonard Sweet, *A Cup of Coffee at the Soul Cafe* (Nashville: Broadman & Holman, 1998), 65.

24.   Romanos 1:20.

25.   A. W. Tozer, *The Pursuit of God* (Chicago: Moody, 2006), 47.

26.   A. J. Jacobs, *Thanks a Thousand* (Simon & Schuster, Inc., New York, 2018), p. 109.

Capítulo 14: Compartir la bendición

1.   David B. Strohmetz et al., "Sweetening the Till: The Use of Candy to Increase Restaurant Tipping", *Journal of Applied Social Psychology* 32, no. 2 (febrero de 2002): 300–309, https://onlinelibrary.wiley.com/doi/abs/10.1111/j.1559-1816.2002.tb00216.x.

2.   Rut 2:16.

3.   Lucas 6:38.

4.   Proverbios 18:16.

5.   John Ruhlin, *Giftology: The Art and Science of Using Gifts to Cut Through the Noise, Increase Referrals, and Strengthen Client Retention*, 2da ed. (autopublicado, 2018), 74.

6.   Mateo 6:19-21.

7.   Hayim Nahman Bialik y Yehoshua Hana Ravnitzky, eds., *The Book of Legends: Legends from the Talmud and Midrash*, trad. William G. Braude (New York: Schocken Books, 1992), 533:250.

8.   James W. Pennebaker, *The Secret Life of Pronouns: What Our Words Say About Us* (New York: Bloomsbury, 2011), 14.

9. 1 Tesalonicenses 5:18.

10. Salmos 100:4.

11. Santiago 1:17.

12. Hebreos 13:15.

13. Salmos 96:1.

14. Kenton Beshore, "Thanksgiving in Living", (sermón, Mariners Church, Irvine, Calif., 22 de noviembre de 2020), www.youtube.com/watch?v=RmZUwUZv0qw.

15. Hebreos 12:2.

16. Emily Balcetis, "Why Some People Find Exercise Harder Than Others" TED, https://www.ted.com/talks/emily_balcetis_why_some_people_find_exercise_harder_than_others?utm_campaign=tedspread&utm_medium=referral&utm_source=tedcomshare.

17. Pirke Avot 5:10, en *Pirke Avot: A Modern Commentary on Jewish Ethics*, trad. y ed. Leonard Kravitz y Kerry M. Olitzky (New York: UAHC, 1993), 82.

18. Mateo 14:19, PDT.

Capítulo 15: El efecto perspectiva

1. Archibald MacLeish, "A Reflection: Riders on Earth Together, Brothers in Eternal Cold", *New York Times*, 25 de diciembre de 1968, www.nytimes.com/1968/12/25/archives/a-reflection-riders-on-earth-together-brothers-in-eternal-cold.html.

2. Adam Grant, *Think Again: The Power of Knowing What You Don't Know* (New York: Viking, 2021), 128.

3. Edgar Mitchell, citado en *Think Again*, de Grant, 128.

4. Adam Grant, *Think Again*, p. 129.

5. Mishnah Sanhedrin 4:5; Yerushalmi Talmud 4:9.

6. C. S. Lewis, "The Weight of Glory" in *The Weight of Glory: And Other Addresses* (New York: HarperOne, 2001), 46.

7. Hebreos 13:2.

8.   Mateo 25:40; Efesios 6:7.

9.   Lewis, "The Weight of Glory", 46.

10. Augustine, *Confessions*, trad. y ed. Henry Chadwick (Oxford: Oxford University Press, 2008), 3.

11. Blaise Pascal, *Pensées*, trad. A. J. Krailsheimer, ed. rev. (London: Penguin Books, 1995), 45.

12. Pope Francis, "Nostalgia for God", (mensaje, Domus Sanctae Marthae, Vatican City, 1 de octubre de 2015), www.vatican.va/content/francesco/en/cotidie/2015/documents/papa-frances-co-cotidie_20151001_nostalgia-for-god.html.

13. Marcos 4:39 NTV.

14. The Westminster Shorter Catechism, 1647, www.westmins-terconfession.org/resources/confessional-standards/the-west-minster-shorter-catechism.

15. John Piper, *Desiring God: Meditations of a Christian Hedonist*, ed. rev. (Colorado Springs, Colo.: Multnomah Books, 2011), 288.

16. 2 Corintios 5:21.

17. John Calvin, *Institutes of the Christian Religion*, ed. John T. Mac-Neill, trad. Ford Lewis Battles (Philadelphia: Westminster, 1960), 1:108.

18. A. W. Tozer, *The Knowledge of the Holy* (New York: Harper Collins, 1961), vii, 2.

19. Génesis 1:28.

20. Génesis 1:10, 12, 18, 21, 25.

21. Génesis 1:31.

22. Lucas 17:11-19.

23. Cornelius Plantinga, Jr., *Not the Way It's Supposed to Be: A Breviary of Sin* (Grand Rapids, Mich.: Eerdmans, 1996), 18.

Acerca del autor

Mark Batterson es el pastor principal de la National Community Church (NCC) en Washington D.C., una iglesia con múltiples locaciones. La NCC es propietaria y regente de las cafeterías Ebenezer, el teatro The Miracle Theatre y el DC Dream Center. Actualmente, la NCC está construyendo una manzana en The Capital Turnaround. Este espacio de cien mil pies cuadrados (9,000 m²) incluirá un lugar para eventos, un centro de desarrollo de la infancia, instalaciones de usos múltiples y un espacio de *coworking*.

Mark tiene un Doctorado en Ministerio de la Universidad Regent y es autor bestseller del *New York Times* con una veintena de libros, incluyendo *El hacedor de círculos*, *Persigue tu león*, *Con un león en medio de un foso*, *Susurro*, *Doble bendición*, *Sácale jugo al día* y *Hazlo por un día*. Mark y su esposa Lora tienen tres hijos y viven en Capitol Hill.

Puedes seguir la cuenta Mark@MarkBatterson en Twitter, Instagram y Facebook. También puedes encontrarlo en línea a través de www.markbatterson.com.